（宋）蘇轍 撰 傅增湘 校

傅增湘校本欒城集

第十四册

國家圖書館出版社

第十四册目録

卷二十一　雜文一十三首

卷二十二　墓誌銘一首

卷二十三　神道碑一首

□□汝州謝上表一首
分司南京到筠州謝表一首
明堂賀表一首
雷州謝表一首
移岳州謝表一首
復官宮觀謝表一首
南郊賀表一首
（以下目錄十六行共文十六首）
降朝請大夫謝表一首
皇太后上僊慰表一首
欽聖皇后慰祔廟慰表一首
欽慈皇后祔廟慰表一首
大行太皇太后上僊功德疏一首
哲宗皇帝大祥功德疏一首
天寧聖節功德疏一首
東塋老翁井齋僧疏一首
皇太后上僊功德疏一首（此首在大行疏後）

欒城後集卷之十八

（宋眉山蘇轍子由著）　（明東吳王執禮子敬　顧天敘禮初　仝校）

蘇文定公後集卷第十八

（表狀疏共十九首）

□□□汝州謝上表

臣轍言伏奉　誥命差知汝州軍州事臣已於四月二十一日到任上訖者論事非宜本虞於大譴承命出守猶荷於　寬恩臣轍（誠惶誠恐頓首頓首）伏念臣性本迂愚學非練達頃値時乘之始偶同彙進之餘由一邑之棲遲歷九年之僥倖遍塵侍從未聞毫

髮之勞入處廟堂滋見斗筲之陋踈拙日甚於　君父滿盈每誚於友朋貪戀寵光不知引避愚而自用言之不疑寡慮直前初獨任其狂斐于時妄作信自取於顛隮尚賴深仁黜臨善地此蓋伏遇　皇帝陛下堯舜相受常懷善繼之心父母兼容深照不逮之實稍寬憲法特許省循收去幹之魂雖知甚幸若喪家之犬私竊自憐恐懼未忘寢興何暇有民與社永知愧於明時使過與愚冀或收於異日臣無任瞻　天荷　聖惶懼戰越之至謹奉表稱謝以聞

分司南京到筠州謝表一首

臣轍言臣前得罪蒙　恩落職知汝州六月十二日再被　告降三官知袁州即治陸行趨陳留具舟赴任九月十日行至江州彭澤縣界復被　告降授試少府監分司南京筠州居住尋拜受前行於九月二十五日至筠州居住訖者愚守一心漫無趨避歲更三黜始悟愆尤臣轍誠惶誠恐頓首頓首伏念臣家傳樸學仕偶

聖時本無意於功名徒自勤於翰墨因時乏使亟塵言事之班竊食無功復預聞政之列纔經九歲遍歷要塗人心忌其超遷天意惡其盈滿捫心自省事猶可追任意直前罪所從出惟闇故不明利害惟拙故不達幾微以至罪積如山命輕若髮鷹經彈擊雖

九死以獨輕黜守幽遐累千里而爲近今茲責分留務棄置陋邦
不親吏民許追思其過咎稍霑祿秩俾粗免於饑寒人微固無可
言恩深繼之以泣自違天日分委泥塗朝無爲言恩出獨斷此蓋
伏遇　皇帝陛下法天廣覆配地兼容雖雷霆之震驚與雪霜之
嚴冽未始絕物之命要在厚民之生故茲賤微猶得陳述如臣自
處本復何言顧惟兄弟二人迭相須爲性命江嶺異域恐遂隔於
存亡況復墳墓瀾疏父子離散若臣家之憂患實今世之孤窮靜
言思之誰可告者惟有自投於　君父庶幾有冀於生全泣血書
詞叩閽仰訴生有捐軀之日死存結草之誠臣無任瞻　天望

聖激切屏營之至謹奉表稱謝以聞

明堂賀表一首

臣轍言伏覩今月十九日　赦書明堂禮畢大赦天下者饗　帝

尊親古今之大典推恩肆眚天地之至仁舉此盛儀併在今日臣

轍誠懽誠抃頓首頓首伏惟　皇帝陛下以仁御世以誠事天乾

清坤寧兵戢民阜人悅故神罔不宥物備故禮得以成一享圜丘

三謁路寢誠敬之心與日兼茂寬大之澤靡物不蒙能事既修全

福自至方將享堯舜之上壽膺成康之令名民願所同天心是若

臣頃侍帷幄稍歷歲時譴責之深坐甘沒齒江湖之遠猶冀首丘

久蟄泥塗，聞震雷而惕若；深囚籠檻，得清風而自疑。臣無任瞻
天望
聖激切屏營之至。謹奉表稱賀以聞。臣轍誠歡誠抃，頓首
頓首謹言。

雷州謝表一首

臣轍言：臣先蒙
恩責降分司南京筠州居住，於今年閏二月內
又蒙
恩責授化州別駕雷州安置，已於今月五日至貶所訖者。
謫居江外，已閱三年；再斥海濱，遠行萬里。罪名既重，威命猶寬。臣
轍誠惶誠懼，頓首頓首。中謝伏念臣性本朴愚，老益頑鄙，連年驟進，不
知盈滿之爲災；臨出妄言，未悟顛危之已至。命微如髮，孽積成山。
比者陸水奔馳，霧雨烝濕，血屬星散，皮骨僅存。身錮陋邦，地窮南

服夷言莫辨海氣常昏出有蹊蛇茹蠱之憂處有陽淫陰伏之病
艱虞所迫性命豈常念咎之餘待盡而已伏惟　皇帝陛下仁齊
堯舜政述　祖宗日月之明無幽不燭天地之施有生共霑憐臣
草木之微念臣犬馬之舊未忍視其殞斃猶復許以生全臣雖棄
捐何識　恩造知殺身之何補但沒齒以無言臣無任感　天荷
聖激切屏營之至謹奉表稱謝以聞

移岳州謝狀一首

得罪南遷於今七歲投竄嶺表又已四年瘴癘所侵僅存皮骨親
屬淪喪生意幾盡自分必死荒徼不復歸見中原豈意　聖神御

下接復官宮觀謝表

歷恩貸深廣不遺舊物尚許北還元子赦書重加寬宥事出一特
旨恩實再生臣見具舟前往自爾稍近華風遂脫瘴死　君恩至
厚力報無由臣無任感　天荷　聖激切屏營之至

南郊賀表一首　建中靖國元年十一月　按此首在宮觀謝表後

臣轍言伏覩今月二十三日　皇帝親饗圓丘禮成肆赦者臨御
再期初見　上帝神人交感德澤旁周臣轍誠歡誠忭頓首頓首
伏以本朝六代一八聖承平之久曠古所未聞三年一郊極盛之
儀有唐之成法因四海來祭之廣成百神受職之文推演神休肆
宥多辟恭惟　皇帝陛下體天地之大德性堯舜之深仁受命之

符本緣斯致御世之道亦由是隆復因行禮之終益廣好生之澤
臣頃斥居荒服豈意生還今密邇邦畿亟聞敷命造庭稱慶雖
絶望於餘生鼓腹載歌竊有幸於今日臣無任瞻天望聖踊
躍屏營之至謹奉表稱賀以聞

降授朝請大夫謝表一首 崇寧元年

臣轍言伏奉告降授朝請大夫賜紫金魚袋差遣勳封食實封
如故者罪大恩寬言者未厭官高德薄法所不容尚領眞祠實出
寬憲臣轍中謝誠惶誠恐頓首頓首伏念臣早塵近列無補明時卜
則拙於身謀上則闇於國體先朝矜其愚陋宥以遐荒前後七

年浮沉萬死偶一眞人之御歷敷大號以惟新曾復舊官亟叨厚
祿然臣年迫衰暮知復何爲身利退藏顧未敢請因循於此黽俛
自慙雖復追削者五官仍且獲安於閑局涵恩至厚爲幸已多此
蓋伏遇　皇帝陛下以堯舜之仁行成康之政衷未忘於舊物恩
許畢其餘生臣謹當杜門躬耕沒齒蔬食知成生之難報姑靜默
以待終臣無任瞻　天望　聖激切屏營之至謹奉表稱謝以聞

復官宫觀謝表 一首

臣轍言：昨於虔州准告，授臣濠州團練副使、岳州居住。臣尋乘船至鄂州，復准告，授臣太中大夫、提舉鳳翔府上清太平宫、外州軍任便居住。臣已望闕祗受訖者。謫徙南方，自分必死；恩移近地，已若再生。復玆舊職之還，仍領真祠之秘。居從私欲，感極涕零。臣轍誠惶誠恐，頓首頓首。中謝 伏念臣禀生甚微，處世多難。反身自省，本欲忠孝于君親；報國何功，粗免愧畏于俯仰。徒以氷炭難于同器，仇怨因而滿前。被以惡名，指為私黨。將杜其生還之路，遂立為不赦之文。前後三遷，奔馳萬里。瘴癘纏擾，骨肉喪亡。聞者為臣傷心，見

者爲臣隕溺雖百夫所聚公議自明而衆楚相咻有口誰訴此蓋
伏遇皇帝陛下體天地之造坦然無私奮堯舜之明斷然有作自
初踐阼即聞德音內推聖母之慈仁外照羣臣之情僞薦垂恩宥
至于再三春雷發聲蟄戶咸震臣得以遲暮復覩盛明頊嘗卜居
嵩穎之間粗有伏臘之備杜門可以卒歲蔬食可以終身生當擊
壤以詠聖功死當結草以效誠節至於陰陽之施草木何酬臣無
任

謝復官表二首

屏居田里忽捧絲綸恩旨非常驚喜交至臣 中謝 伏念臣向者叨塵名位自取顛隮亟蒙名歸即還舊物之厚中雖貶奪不失便地之安衰老之餘退藏爲幸閉門念咎既久謝於交遊沒齒無言蓋僅同於木石雖未即死豈復干榮此蓋伏遇皇帝陛下聖德日新仁心天覆躬受八寶推恩萬方朝陽一升雖幽咸照時雨既至靡物不蒙遂使死灰再然朽骨重肉顧臣筋力已憊不任鞭策之施耳目俱昏絶望清明之化論報無日荷恩則深臣無任

誕膺八寶承天地之休連錫二階均雷雨之施恩深難報感極何

言臣 中謝 伏念臣憂患餘生老病兼至廢黜雖久尚霑品秩之餘奉養雖微更獲耕耘之助一毫以上皆出於君恩屢歲偷安有慚於公議復叨寵數深屬無名茲蓋伏遇皇帝陛下天造曲成聖功獨運深憐枯槁重許發生示人以無私之心施德於不報之地臣雖頑鄙粗識恩私筋力已衰莫展馳驅之用忠誠尚在豈以死生而移臣無任

謝復墳寺表

臣轍言准潁昌府牒准 御筆手詔節文應係籍宰執墳寺昨經改正仍並給還者名書罪籍慙負明時 恩念私堂特還舊刹九

泉受賜荒隴生光臣轍誠惶誠恐頓首頓首伏念臣早以空踈叨居近密始終無補愚不自量　恩禮誤加驟及既往一被黨人之自上遺先臣之憂舊恩已移没齒何覬豈謂　詔恩一出故物復還邛墜絶芻牧之虞松檟變燋枯之色骨肉感溺閭里咨嗟此蓋伏遇　皇帝陛下性仁無私　聖孝不匱覽　二帝初潛之地動一物失所之懷號令所加存没咸賴臣衰病已久報恩之日不長子孫在前竭忠之心未替過此以往無所裁之臣無任瞻　天望聖激切屏營之至謹奉表稱謝以聞

皇太后上仙慰表一首 按此首接降授朝請大夫謝表下

臣轍言伏覩今月十四日　大行皇太后遺誥至頴昌府者毋儀淪喪率土震驚臣轍誠哀誠殞頓首頓首　大行皇太后定策艱難之中力辭政務之要功存社稷德及生靈奉諱云初痛心罔極伏惟　皇帝陛下方以天下爲養遽有終身之憂孝愛兼隆哀慕日遠臣久居謫籍適此召還感恩至深奉慰無路臣無任瞻望闕庭哀慟殞越之至謹奉表陳慰以聞臣轍誠哀誠殞頓首頓首謹言

欽聖憲肅皇后祔廟慰表一首

臣轍言伏聞今月二十六日　欽聖憲肅皇后神主祔廟禮畢者復土告終祔姑成禮悲動宸極痛徹寰瀛臣轍誠哀誠殞頓首

頓首—欽聖憲肅皇后內治有光坤元至順方艱難之際好謀而成追聽斷之辰退藏於密奄棄萬邦之養永嚴七世之祠伏惟皇帝陛下仁孝自天感慕踰等捨曾閔匹夫之志念文武創業之艱深抑誠心以幸天下臣限以在外不獲奔詣—闕庭臣無任瞻望摧咽激切屏營之至謹奉表稱慰以聞臣轍誠哀誠隕頓首頓首謹言

欽慈皇后祔廟慰表一首

臣轍言伏聞今月二十六日　欽慈皇后神主祔廟禮畢者孝不及養永深敬愛之情禮極追崇亟成陵廟之制臣轍誠哀誠殞頓首頓首　欽慈皇后毓德仁里作嬪皇家蚕藥宮闈未追褘狄之

盛禮誕育　仁聖克復　祖宗之舊章神人共依中外追感伏惟
皇帝陛下孝恭成德思慕終身雖盡顯親之儀未忘念母之志
中外瞻仰啓處不遑臣限以在外不獲奔詣　闕庭臣無任瞻摧
咽激切屏營之至謹奉表陳慰以聞

大行太皇太后上仙功德疏一首

臣伏以道大難名本無心於民上功成即去空結想於人間贊罷
褒修䄍陳禕狄敢薦竺文之祕少資天福之餘　大行太皇太后
伏願乘佛妙因稱民善禱超升彼岸旣資福於今生降澤斯民終
未忘於故國臣無任瞻望涕泗激切屏營之至謹疏

皇太后上僊功德疏一首

右臣伏以仙馭賓天聖功在物哀纏率土痛切遺臣伏惟 大行

皇太后祖烈崇高坤儀博厚定立長之大議宗社以安避成功而不居中外咸仰奄棄東朝之養倏起西方之遊易月有期因山非遠願假佛乘之妙少資淨土之因超三界以無方福羣生於罔測臣無任瞻望滂泗激切屏營之至謹疏

哲宗皇帝大祥功德疏一首

右臣伏以日月有期祥禫成禮甫終遏密滋極痛傷伏惟 哲宗

皇帝陛下臨御積年威神在物紹 聖考之遺業啓華鄂之遠圖

至矣成功盡然永慕爰假佛乘之妙少資仙馭之遊伏願追 列
聖於九霄齊光斗極福遺黎於四海等固山河臣無任瞻 天望
聖激切屏營之至謹疏

天寧聖節功德疏一首

臣伏以地厚天高取數固多於萬物堯仁舜孝降年獨永於百王
理雖出乎自然事必從乎衆欲是用假佛乘之至妙祝—宸算之
無彊 皇帝陛下伏願追繼祖宗之隆度越漢唐之盛恭儉以求
仁而仁至愷悌以求福而福生兼獲華夷之心大副臣民之望臣
無任瞻 天望 聖激切屏營之至謹疏

設水陸別爲行

東塋老翁井齋僧疏一首

降授朝請大夫護軍賜紫金魚袋蘇轍伏爲東塋老翁井近歲以來泉源耗竭人失烹飪田失灌種先壠攸託中情惕然今因姪孫新授廣都主簿元老西歸謹請戒律僧就墳側晨設齋轉經夜設水陸道場以祈冥應謹具疏如後

齋僧七人每僧各轉妙法蓮華經一部七卷設水陸道場一夜

右伏以先君太子太師兆自東山躬卜靈宅泉出右麓流于西南旱暵不乾霖潦不溢實有常德祀于耆舊越自近歲漸致枯竭永惟艮坎之德行止相尋山下出泉在易爲蒙蒙極必發失其常性

厥咎在人。輒以愚闇，曩竊名位，積譴致罰，以累茲泉。今者歸依佛乘，救拔衆苦。伏願道場淸淨，山神歡喜，泉流瀵發，草木滋潤，居人蒙賜，塋域增固。伏乞三寶證知。稽首謹疏。

後集十八卷末

欒城後集卷之十八終

欒城後集卷之十九

宋眉山蘇轍子由著

明東吳王執禮子敬 顧天敘初公校

蘇文定公後集卷第十九

□青詞十一首

□□□京師一首

□京師一首 高安四首
龍川三首 閣皂一首
許昌三首
□祝文二首
蜀山祝文一首
汝州謝雨文一首

臣八以空疏頂冒國政上愧天地下慙君父常願袞私以狥公捐身以濟物而智有所不周力有所不逮事不稱心十常三四俯仰愧負朝夕不忘而復愚幼之年過於未免長而知悔往不可追頃自十載以來心存至道消心寡欲僅乃少完治如涉川未知攸濟

敢以初生之日仰祈眞聖之恩察其誠心祓以妙力令臣所志獲遂所學有成國以永寧身以長久臣不勝大願頓首頓首謹詞

高安四首

伏以生於微陋性極冥頑叨冒國恩預聞政事才短德薄福過禍生任意直前不知罪譴之增積終年三黜遂涉江湖之險艱手足之親播遷瘴海父子之愛留寓中原寄迹高安遽逢生日術者薦告危運稍移仰叩天閽冀回聖造矜其愚而多恕察其中之無他赦宥往愆刊除罪籍俾我同氣俱復近邦苟獲閑地以偷安非復要途之敢望棲心澹泊粗成止欲之因畢老勤行竊冀長年之幸

傾倒激切不知所裁臣無任瞻天瀝懇惶恐戰越之至謹詞

伏以臣夫婦歸誠至道託迹塵寰自幼至今隨世所行豈免過咎況復近歲預聞國事福祿盈滿功行蔑聞致此顛躋復將誰咎重以兄軾平生悻直仇怨滿前流竄海濱日虞瘴癘以至墳墓隔絕父子分離相望萬里患不相救今斥逐以來薦歷寒暑追惟既往非有邪慝憂患已深理或當復惟眞聖慈閔與物無私庶幾北還近獲成命非復有心於榮遇惟覬少獲於安全憐其虛心養氣之勤錫以問道逢師之幸臣無任懇倒之至謹詞

伏以謫居高安行將再歲杜門自省日懼禍災乃者火焚閭閻勢

極熾猛風從北來正趨館舍治任挈族未知所適而風回火轉幸
免焚爇向非神祇明察憐憫困窮則雖免灰燼之虞必有狼狽之
患敢陳菲供少答靈貺伏願稍垂慶祐洗除宿殃臣無任懇倒之
至謹詞

伏念本鄉通義以仕爲家再謫高安累年于此以忠獲罪夫婦漂
流攜家不前男女離散宿有疾疢不甚康强飽暖安閑雖感恩於
造物拘縻窘逼常興嘆於異鄉日屆初生家陳薄供望三清而稽
首仰衆聖以馳誠稍回恩光照此陷穽願涉新歲脫去宿殃祿命
增長骨肉和合悁悁誠意莫敢盡宣臣無任瞻天俟命激切屏營

之至頓首頓首謹詞

龍川二首

伏念臣頃自甲戌之歲大運在酉命運相衝是歲生日之後自門下侍郎謫守汝州爾後四經流竄今在循州險阻厄窮何所不歷疾疢禍患近復纔作雖卯酉逆順天理難逃微生不幸適丁其會然猶推陰命先凶後吉自始入運今已七年豈始迎其災而終以其吉伏願俯念窮困稍垂覽看覺悟—朝廷解釋羅網骨肉安樂相從北還區區寸誠願盡於此臣無任懇倒之至謹詞

伏念臣始自甲戌得罪於朝流竄南方於今七載再投牘表亦及

三年瘴毒所侵骨肉凋喪衣食所迫囊橐空虚脾肺冷洩藥石不效北歸無日老而益窮常懼寄死南荒永隔鄉井因上元之穀旦依道士之靈科稽首泥塗歸命仙聖一願養心煉氣自見成功積陰消散眞陽充滿二願朝廷覺悟羅網解脫振衣北還躬耕爲樂三願南北眷屬各保安寧北歸之時一一相見臣已身心自誓屏去邪淫等觀冤親曾加慈恕遇有方便知無不爲或在廟堂或在田野益推此心無有變易天地鬼神實聞此言雖生成之恩慈未能報而螻蟻之志死且不渝臣無任懇倒之至謹詞

閣皁一首

伏念臣頃自丁丑之春得罪 朝廷流放海上是時舟過臨江近瞻閤阜遥望玉笥誠心惕然徼福聖境願得生還中原當就茲山恭陳薄供以答靈造今已蒙恩授前件官岳州居住乘舟北歸復出山下而私行無力仰止勝地不能自致惟神格斯不可揆度容光必照何所不臨臣邅回瘴癘之鄉得脫病苦出入嶺海之際獲返江湖天地之恩草木何報重念臣志弱才短學術空虛頃歲忝冒實爲過分然其忠國愛民始終一心粗若無愧人不可罔而況於天儻茲心不誣願今日已往隨福所有隨力所堪除其艱難錫之安穩至於壽考由命富貴在天不敢妄祈有所非覬臣無任懇

倒激切之至謹詞

許昌三首

伏念臣頃以宿世舊殃七年流竄天鑒在上矜其無他還寓潁川粗霑微祿顧睎世事自知難堪姑願築室耕田養生送死優游里社聊以卒歲惟是學道之心澹泊已久雖勉求虛靜而習氣未除力行升降而天路猶壅疾病雖去精氣未凝方當厄運之終復遇生日之至仰祈眞聖愍我勤勞洗濯往愆助成道力臣無任悃倒激切之至謹詞

伏念臣頃自嶺外還居潁川雖身沾薄俸而心虞多難汝南經歲

老病逼身今茲甲申建歲庚申乘運那入至此法當少泰偶於歲首復返舊廬敢以初生之辰仰祈眞聖之祐然臣久慕至道中無他求唯是欲習初乾日望增進願心廣博終冀成就伏願隨力所堪隨福所有內以安身外以及物雖退轉之咎自誓以必無而保全之功實冀於冥助臣無任懇倒激切之至謹詞

伏念臣幼爲諸生力學雖蚤聞道則遲中歲從仕憂患常多安樂則少晚年學道用力雖篤成功未期所經生日六十有七來日無幾有志未從一自謫居南服首尾七歲旋居潁川又復五載齒髮衰變氣血消亡回首功名自分已矣存心性命猶幸得之伏願眞

聖哀矜成就微志苟獲安身之福敢忘及物之心臣無任懇倒激切之至謹詞

祝文二首

嵩山祝文一首

轍昔緣吏役自陳如洛道出嵩少秋雨方淫繁雲如絮纏覆山上究覲近麓莫矚諸嶺據鞍默禱庶幾一見俛仰未幾豁然雲移如卷重帷卻寘山後連峯角立草木可數驚顧竊歎莫知其由昔韓愈南征有感於衡豈以無似克配前烈默然慙惕不以語眾至于今日十有八年永懷疇昔有不能已謹遣家兵以茶酒香燭及佛

經疏俾導薄誠神鑒不昧景饗昭答謹告

汝州謝雨文一首

維紹聖元年歲次甲戌四月壬寅朔二十六日丁卯太中大夫知汝州軍州事護軍蘇轍謹以清酒特羊之奠恭祭于北園社令后土神君轍以罪戾謫守茲土自春徂夏旱饑爲苦麰麥殄悴禾未出畝吾民憂傷巫覡旁午念予罪人餘譴累汝間行北園亭曰致雨前守趙王有禱咸許顧慙昔賢願躡前武掃地而祭屏去牖戶清淌繞屋喬木環渚微風肅然神物來處吾僚祗敬齋宿吾府雲興山際倐遍天宇風來不疾雷發不怒祈祈甘澤如哺如乳酒不

空一行

蘇文定公後集卷第十九

丁未記

欒後集稿之事然也其命增置之并刻于石紹聖元年五月

於望高將以丁卯禱焉未夕雨大至麥禾皆遂以謝見勿

郡方閔雨閒登亭閱二記曰前人不吾欺也乃以乙丑齋

是歲春雨不殺麥生不蕃禾菽不齊以四月壬戌視事

神則何取祗薦醪牲以承斯祀而尚饗

升鈕耕墨畢宿參斯實施及禾黍吏免訶譴民病獲瘳念惟始至

需地應不升組仁哉有神未請而予再宿告晴高下咸溥朝陽既

欒城後集卷之二十

宋眉山蘇轍子由著　蘇文定公後集卷第二十

明東吳王執禮子敬　顧天叙禮初仝校

祭文一十八首

祭張宮保文一首

維元祐六年歲次辛未十一月乙卯朔二十日甲戌中大夫守尚書右丞蘇轍謹以清酒庶羞之奠致祭于故太子太保致仕張公四丈之靈轍之方冠公守西蜀時予先君幅巾田服尺書見公一見而知曰此鴻鵠困于棘茨君亦嗟嘆世莫知我孰謂斯人獨明

目錄十六行連書

祭張宮保文一首
祭文與可學士文一首
祭亡壻文逸民文一首
再祭張宮保文一首
祭亡嫂王氏文一首
祭八新婦黃氏文一首
北歸祭東塋文一首
祭亡兄端明文一首
再祭亡嫂王氏文一首
再祭亡兄端明文一首
再祭八新婦黃氏文一首
祭范子中朝散文一首
祭王子敏奉議文一首
遣适歸祭東塋文一首
祭黃師是龍圖文一首
祭范彝叟右丞文一首
祭寶月大師宗兄文一首
祭逍遙聰長老文一首

且果顧我與兄復往從之少未更事見亦弗疑後將有成達于家邦斯言是信不折不降涉世多艱久而莫伸從公陳宋庇于有仁既博以文又約以禮示我夷易行不知止南遷而還迎我而笑世將用子要志于道我曰不然將復見公俛仰六年斯志莫從遺章上聞匪私爾傷慶歷之遺今也則亾嗚呼公之少年坦然不羈自放於酒竹林是師及其從宦精深粹密禮家法士莫見其隙公之問學初亦弗勤況然游心功倍于人有疑而問時罔弗達禮則鄭産樂則吳札公之行已色温言厲卒然相逢忽若無意其所與交金石弗渝可以托之六尺之孤公之事君道大言深心所不欲富

貴莫淫詭詞削草人亦弗知雖罔克用亦罔克疑公老於世事見于外人之知公茲亦其槩公性靜深灼見安危遇物斯應動獲所宜退而自養湛然純一與天爲徒惟道非術遂其將亡言若平生寂然委蛻不怛于行道實在天後必有傳謂予可教而亦弗聞公入不出我出不還而使斯道忽乎泫然嗚呼尚饗

祭文與可學士文一首

元祐七年八月日太中大夫守門下侍郎蘇轍謹以清酒庶羞之奠致祭于故知湖州與可學士親家翁之靈嗚呼漢蜀太守石室之孫散居梓潼耕稼隱淪是生高人文如西京雅詩楚詞雲滃泉

淸心恬手朶隷草縱橫毫墨之餘過物賦形怪石巑列翠竹羅生
得於無心見者自驚嗟世知公以是謂賢公心浩然實而弗炫有
觸不屈始知其堅世在熙寧士鋭而鬭利誘于旁奔走傾旋公居
其間澹乎忘言洋人病荼徐爲一宣抱志不伸委化而遷惟我與
公交友忘年以靜喜我申以婚姻子喪婦存諸孫在前撫而教之
尙侈公門窀穸有時送車盈阡千里寓詞聞乎不聞嗚呼尙饗

祭亾壻文逸民文一首

元祐七年八月日太中大夫守門下侍郎蘇轍以淸酒庶羞之奠
致祭于故文郎逸民秀才之靈我與君翁忘年之義長女未笄許

適君子君少不羣介然老成誦詩屬文亦繼家聲我獨怪君吐詞悲傷是必多難否則不長别我于宋送君于株扶喪舟行萬里有餘我邊南方君旅成都相望天涯逾歲一書我還京師幸將見君一病不復發書酸辛女有烈志留鞠諸孤賦詩栢舟之死不渝惸惸遺孫教以詩書庶幾有成歸大君閭嗚呼尚饗

再祭張宫保文一首

元祐七年八月日太中大夫守門下侍郎眉山蘇轍謹以清酒庶羞之奠致祭于故宣徽南院使太子太保贈司空張公四丈之靈公志大而才高氣直而慮深世俗之所不悅而君子之所服膺轍

從公游實見而知眇視世間若無足爲及其觀會通以行典禮蓋未嘗失時汎觀衆人澹然無心及其結意氣而同憂患蓋堅如斷金故方其出也仕歷三世雖未嘗不用而才莫能旣逮其處也與衆雜居雖罔有不伏而中情實疏究觀始終疑其天人或因物以有覺或逢人而益信由是嗇氣養神以終其身中忘我以發照外忘物而遠塵至於委化之日泊然反眞嗚呼我之從公始於父兄師友之交親戚之情而掩棺不哭送葬不行無以寄哀請易公名惟文與定庶幾平生公雖不求朝有典刑嗚呼尚饗

祭亡嫂王氏文二首

二應作一

嫂

元祐八年歲次癸酉九月丙子朔十八日癸巳太中大夫守門下侍郎蘇轍與新婦德陽郡夫人史氏謹以家饌酒果之奠致祭亾嫂同安郡君王氏之靈轍幼學於兄師友寔兼志氣雖同以不逮慙兄剛而塞物或不容旣以名世亦以不逢轍驟而從初未免憂嫂以婦人處之則優兄坐語言收畀蔡棘竄逐郗城無以自食賜環而來歲未及期飛集西垣遂入北扉貧富慼忻觀者盡驚嫂居其間不改色聲冠服肴蔬率從其先性固有之非學而然族人咨嗟觀行責報謂必多福繼以壽考中歲而殂理有莫知三子俱良聊以慰之兄牧中山始殯而往謂我在茲屬以時享距城半舍

旁撫仲婦無慼無懼祭遣諸子嗚呼哀哉尚饗

祭八新婦黃氏文一首

元符二年十一月四日辛未舅姑躬以家饌酒果之奠致祭于故八新婦黃氏之靈吾不善處世得罪乎朝播遷南荒水陸萬里家有三子季子季婦實從此行自筠徙雷自雷徙循風波恐懼蹊遂顛絶所至言語不通飲食異和瘴霧昏翳醫藥無有歲行方閏氣候殊惡晝熱如湯夜寒如冰行道殭仆居室困瘁始自僕隸浸淫不已十病六七而汝獨甚天乎何辜遂殞于瘴追惟平昔慈祥寬厚孰云不淑而止於是南北異俗伏臘幾廢燔炙豚魚漸漬果蔬

承祀寧寘不異中夏卒無一言歎恨流落逮及啓手脫然而逝惟我夙業累爾幼稚輿言涕落呼天何益五里禪室頃所嘗寓土燥室完密邇吾廬權厝其間毋或恐怖二子雖幼資可成就姑自鞠養無水火患猶冀災厄有盡天造有復全柩北返歸安故土魂而不昧識此誠意嗚呼哀哉尚饗

北歸祭東塋文一首

維建中靖國元年歲次辛巳三月壬戌朔十五日丙子男具官轍因姪千之等西歸謹以家饌酒果之奠昭告于先考編禮贈太子太師先妣程氏追封成國太夫人之靈轍恭承先業奉敎不謹紹

疾

聖之初，權臣擅命，會害忠良，先除異己。轍與兄軾同時遷南，邅回江西，流落嶺外，奔走萬里，始終七年。尚賴世德有憑，遺澤未泯，久處瘴霧，雖病不死。庚辰正月，帝出于震，推恩四海，澤及兄弟，同復舊秩，皆侍眞祠。轍遂自龍川北還許下，始與諸子濡沫相收，西望松櫝，鬱慈在目。然念灑掃弗躬，齋祭遐邈，歲月滋久，悔咎何贖。兄軾來自海南，道遠未至，皆以困躓之餘，思歸未獲。如人痿躄，心不忘起，瞻望涕泗，不知所言。謹告。

再祭亾嫂王氏文一首

按此首在祭端明文後

維崇寧元年歲次壬午四月乙酉朔二十三日丁未，具官蘇轍與

新婦德陽郡夫人史氏謹以家饌酒果之奠致祭于亾娌同安郡
君王氏之靈嗚呼天禍我家兄歸自南沒于毘陵諸孤護喪行于
淮汴塋之拊膺自娌之亾旅殯西坊九年于今兄沒有命塟我嵩
山土厚水深適往告遷及迎初婦靈輀是升道出潁川家寓于玆
迎哭傷心遠日孟秋水潦方降畏行不能塋兆東南精舍在焉有
佛與僧往寓其堂以須兄至歸于邙林雖非故鄉親族不遐勿畏
勿驚嗚呼尚饗

再祭八新婦黃氏文 按此首在再祭端臣文後

維年月日舅具官蘇轍姑德陽郡夫人史氏謹以家饌酒果致祭

于亾第八新婦黃氏之靈我昔南遷自鈎徂雷自雷徂循萬里之行季子季婦同此艱勤婦生名家有德有容劬而逮門纚縰相從冒嶮涉瘴初無咎言念我厄窮往返累汝愧于心顔瘴病彌月藥石不効卒殞當年弱子稚女躑躅吾側念母悽然汝往莫追撫此二孫冀其成人命降自天舉家北返與柩俱還嗟哉吾兄没于毘陵返塟郟山兆域寬深舉棺從之土厚且堅種栢成林以付而子百年以妥嗚呼尚饗

祭范子中朝散文一首

維建中靖國元年歲次辛巳十二月丁亥朔初十日丙申太中大

夫提舉鳳翔府上淸太平宮護軍蘇轍謹以淸酒庶羞之奠致祭于故朝散范君子中之靈蘇氏范氏同出坤維蜀公告休居潁之湄我老去國歸亦從之公逝久矣見其長子婚姻之故莫我遐棄一叩我門遂不再至嗟夫不淑病日以侵一卧歷時弗寤弗興一子既冠一衣始勝我見蜀公帝城西偏君與仲叔笑言相驩叔先仲亾君獨蒼顔內撫族黨外接友朋恭敬愷悌此邦所稱嗟我寓新孰慰此心升堂不見哭不復聞俛仰幾何獨爲古人鄉黨之好盡此一罇嗚呼尚饗

祭王子敏奉議文一首

維年月日具官蘇轍謹以清酌庶羞之奠致祭于故知縣奉議王
君子敏之靈昔我在宋吾兄在徐君家伯仲來學詩書行義不回
詞章有餘我曰可人綴以婚姻旣親且友其行日新伯氏不淑殞
于方春君登丙科又敏于政惠于上官民亦不病矯然衆中氣和
而正孝友之善中發於誠均其有無以及孤惸嫁女娶婦期不負
兄我居潁川君令陵臺十日稅駕爲我徘徊受法道師不近酒杯
我顧君笑自苦奚爲隙駒逝矣爲樂何時去我三年遂病以衰失
官居汝啓處未安伏枕不興將沒何言有志弗從使我永歎嗚呼
尙饗

祭亡兄端明文一首

按此首在東塋之下

維建中靖國元年歲次辛巳九月巳未朔初五日癸亥弟具官轍謹遣男遠以家饌酒菓之奠致祭于亡兄端明子瞻之靈嗚呼手足之愛平生一人幼學無師受業先君兄敏我愚賴以有聞寒暑相從逮壯而分涉世多艱竟奚所爲如鴻風飛流落四維渡嶺涉海前後七春瘴氣所烝颶風所吹有來中原人鮮克還義氣外強道心內全百折不摧如有待然眞人龍翔雷雨浹天自儋而廉自廉而永道路數千亦未出領終止毘陵有田數頃誓將歸休築室鑿井嗚呼天之難忱命不可期秋暑涉江宿瘴乘之上燥下寒氣

不能支啓手無言時惟我思念我伯仲我處其季零落盡矣形影無繼嗟乎不淑不見而逝號呼不聞泣血至地兄之文章今世第一忠言嘉謨古之遺直名冠多士義動蠻貊流竄雖久此聲不没遺文粲然四海所傳易書之秘古所未聞時無孔子孰知其賢以俟聖人後則當然襄來自東病不能迎卜葬嵩陽旣有治命三子孝敬罔留于行陟岡望之涕泗雨零尚享

再祭亡兄端明文 一首

按此首在再祭亡嫂王氏文後

維崇寧元年歲次壬午五月乙卯朔日弟具官轍與新婦德陽郡夫人史氏謹以家饌酒果之奠致祭於亡兄子瞻端明尚書之靈

嗚呼惟我與兄出處昔同幼學無師先君是從游戲圖書寤寐其中曰予二人要如是終後迫寒飢出仕於時鄉舉制策竝驅而馳猖狂妄行誤爲世羈始以是得終以失之兄遷於黃我斥於筠流落空山友其野人命不自知還服簪紳俛仰幾何寵祿遄遂欲去未遑禍來盈門大庾之東漲海之南黎蜒雜居非人所堪瘴起襲帷颶來掀簷臥不得寐食何暇甘如是七年雷雨一覃兄歸晉陵

我還潁川顧一見之乃有不然瘴暑相尋醫不能痊嗟兄與我再
起再顛未嘗不同今乃獨先嗚呼我兄而止斯耶昔始宦游誦韋
氏詩夜雨對床後勿有違進不知退踐此禍機欲復斯言而天奪
之先壟在西老泉之山歸骨其旁自昔有言勢不克從兄豈不懷
地雖郟鄏山曰峨嵋天實命之豈人也哉我寓此邦有田一廛子
孫安之殆不復遷兄來自西於是磐桓卜告孟秋歸于其阡潁川
有蘇肇有兄先嗚呼尚饗

遣适歸祭東塋文一首　此首接祭王子敏文後

維崇寧三年歲次甲申八月壬寅朔二十一日壬戌男降授朝請（具官蘇）大夫護軍賜紫金魚袋轍謹遣第二男承事郎（具官）監東嶽廟适西歸致祭于先君贈太子太師先妣程氏五三君追封成國太夫人之墓轍自元符庚辰蒙　恩北歸西望松檟卽懷歸志孤拙多難事與心違俛仰四年進退惟戾日月不待齒髮變衰深懼溘然無復歸日遣适代往周行兆域有志不獲涕泗垂臆兄軾已沒遺言葬汝轍與婦史夙約歸祔常指庚穴以敕諸子苟未卽死猶幸一歸躬行汛掃以畢餘願尊靈未泯鑒此誠意尙饗

教

千更

祭黄師是龍圖文一首

嗚呼尊先使君與我早歲旅于天廷自唐已然同年友朋異姓弟兄南北東西不約而親義均同生君家在陳我官陳庠時始合并君方少年出從鄉貢曄然有聲一飛絕羣不入州縣數載公卿無惡於民無怨於友氣和且平我還南方歸來老矣故舊無幾君家父子見我京師相顧而喜往來綢繆昏姻之好實始于此我廢于時君仕日躋一榮一瘁親友之恩始終不渝允也君子君于父兄人無間言閔子是似其於吏民不剛不柔次公之比謂當百年仰事慈親以及愛弟奈何不淑有志不終中道而棄丹旐翩然宛邱

之隅萬事已矣我老杜門素車不行一慟永已嗚呼尚饗

祭范蕘叟右丞文一首崇寧五年

維年月日具官蘇轍謹遣男具官遲以清酌庶羞之奠致祭于故右丞范公蕘叟之靈維昔先正文正稱首嗟我晚生不識耆舊從事南都見其叔子議論琅然前人是似我遷南方六年而歸平生交舊多聚京師晚遇仲氏秉國之維以義知我傾蓋不疑我復還南仲亦繼往瘴癘侵陵氣血凋喪同歸潁川白首相向問疾于牀執手無言慟哭其堂殲此忠賢公方在朝四方所瞻居未逾歲亦來守邦顧我里閭盃酒相從往還之歡意若將終我寓汝南公旅

脫一葉

彭城尺書，不通期我，以誠我還舊廬，終歲杜門，公歸訪我，欣然笑言，三日不見，而以訃聞，老病無朋，誰復念我，永懷仲叔，言出涕墮，嗚呼哀哉，尚饗。

祭寶月大師宗兄文

維紹聖二年歲次乙亥十月癸亥朔十一日癸酉，降授左朝議大夫試少府監分司南京䕶軍蘇轍，因僧法舟西歸，以香茶果蔬之奠，致祭于故寶月大師宗兄之塔。轍方志學，從先君子東遊故都，覽觀藥市，解鞅精舍，時始見兄，頎然如鵠，介而善鳴，宗黨之故，情若舊識，屈信臂頃，閱歲四十，性直且剛，纖惡不容，與人盡言，口如病風惟我兄弟不見瑕玼行有利病勢有隆汙始終一意不爲薄厚交遊之間蓋未始有昔我之東師則有言遊宦如寄非可久安意適忘歸憂患所由亟還于鄉泉石可求我志師言未返而顛師亦不待與化俱遷遣舟與榮萬里來訃開紙失聲悔恨無所彈指西望卯塔既成臨絶之言求我以銘自我竄逐憂病相襲緝綴清風得一忘十追懷曩好徒有此心心則不忘而病未能收淚語舟歸酹流水一生一死誠則無已嗚呼尚饗

祭逍遥聰長老文一首

紹聖三年九月二十九日降授左朝議大夫試少府監分司南京

具官護軍蘇轍謹以香茶果蔬之奠告于故逍遥長老聰公我生多故
再謫於筠萬里故鄉孰爲故人師自吾蜀爲筠導師坦然無心言
直氣夷顧我如故彌久而堅逮兹再來爲我出山逍遥無師衆願
師往師念我獨爲衆所强入山幾何自春徂秋一病不治蟬蜕莫
留此心超然去住不疑筠人懷思涕泣嗟咨山中來告卵塔將成
一奠之哀斯未忘情尚饗

蘇

欒城後集卷之二十終

空三行

□□汝州龍興寺脩吳畫殿記
汝州楊文公詩石記
李簡夫少卿詩集引
王子立秀才文集引
子瞻和陶淵明詩集引
六孫名字說
書孫朴學士手寫華嚴經後
（目錄十一行接連本文）
書楞嚴經後
書金剛經後二首
書白樂天集後二首
書鮮于子駿父母贈告後

欒城後集卷之二十一

宋眉山蘇轍子由著　明東吳王執禮子敬　顧天叙禮初仝校

蘇文定公文集後集卷第二十一

雜文一十二首

□□□汝州龍興寺修吳畫殿記

予先君宮師平生好畫家居甚貧而購畫常若不及予□兄子瞻少而知畫不學而得用筆之理轍少聞其餘雖不能深造之亦庶幾焉凡今世自隋晉以上畫之存者無一二矣自唐以來乃時有見者世之志於畫者不以此爲師則非畫也予昔遊成都唐人遺迹

縱

遍於老佛之居先蜀之老有能評之者曰畫格有四曰能妙神逸蓋能不及妙妙不及神神不及逸稱神者二人曰范瓊趙公祐而稱逸者一人孫遇而已范趙之工方圓不以規矩雄傑偉麗見者皆知愛之而孫氏縱橫放肆出於法度之外循法者不逮其精有從心不逾矩之妙於眉之福海精舍爲行道天王其記曰集潤州高座寺張僧繇予每觀之輒歎曰古之畫者必至於此然後爲極歟其後東遊至岐下始見吳道子畫乃驚曰信矣畫必以此爲極也蓋道子之迹比范趙爲奇而比孫遇爲正其稱畫聖抑以此耶紹聖元年四月予以罪謫守汝陽間與通守李君純繹遊龍興寺

觀華嚴小殿其東西夾皆道子所畫東爲維摩文殊西爲佛成道
比岐下所見筆迹尤成然屋瓦既彌滲棧鈌弛殘侵於風雨蓋事
之精不可傳者嘗存乎其人亡而迹存達者猶有以知之故道
子得之陷畫之餘而其迹得之道士之後使其迹亡雖有達者尚
誰發之時有僧惠眞乃葺寺大殿乃除使先治此予與李君亦少
助焉不逾月堅完如新於殿圮之中得記曰治平丙午蘇氏惟政
所喜聞異之曰前後嘗此抒蘇氏豈偶然也哉惠眞治石請記五
月二十五日

汝州楊文公詩石記 一首

祥符六年楊公大年以翰林學士請急還陽翟省親疾繼稱病求
解官章聖皇帝以其才高名重排群議優假不加罪逾年以祕書
監知汝州公至汝嘗稱病以事付僚吏以文墨自娛得詩百餘篇
既還朝後人刻之於石皇祐中郡守王君爲建思賢亭於北園之
東偏紹聖元年四月予自門下侍郎得罪出守茲土時亭廢已甚
詩石散落亡者過半取公汝陽編詩而刻之乃增廣思賢龕石于
左右壁嗚呼公以文學鑒裁獨步咸平祥符間事業比唐燕許無
愧所與交皆賢公相一時名士多出其門然方其時則已有流落
之歎既沒十有五年聲名猶藉藉於士大夫而思賢廢於謙合焉

塵之後詩石散於高臺華屋之下矣凡假外物以爲榮觀蓋不足恃而公之清風雅量固自不隨世磨滅耶然予獨拳拳未忍其委於荒榛野草而復完之抑非陋歟抑非陋歟

李簡夫少卿詩集引一首

熙寧初予從張公安道以弦誦教陳之士大夫方是時　朝廷以繇役溝洫事責成郡邑陳雖號少事而官吏奔走以不及爲憂予獨以詩書諷議竊祿其間雖幸得脫於簡書而出無所與遊蓋亦無以爲樂也時太常少卿李君簡夫歸老於家出入於鄉黨者十有五年矣間而往從之其居處被服約而不陋豐而不餘聽其言

未嘗及世俗徐誦其所爲詩曠然閑放往往脱略繩墨有遺我忘物之思問其所與遊多慶歷名卿而元獻晏公深知之求其平生之志則曰樂天吾師也吾慕其爲人而學其詩思莫能及耳予退而質其里人曰君少好學詳於吏道嘗使諸部矣未老而得疾不至於廢而棄其官其家蕭然饘粥之不給而君居之泰然其子君武始棄官以謀養浮沉里閭不避勞辱未幾而家以足聞陳人喜種花比於洛陽每歲春夏遊者相屬彌月君攜壺命侶無一日不在其間口未嘗問家事晚歲其詩尤高信乎其似樂天也予時方以遊宦爲累以謂士雖不遇如樂天入爲從官以諫爭顯出爲

牧守以循良稱歸老泉石憂患不及其身而文詞足以名後世可以老死無憾矣君仕雖不逮然天而始終類焉夫又將何求於世哉予未去陳而君亡其後十有七年元祐辛未予以幸遇與聞國政祿浮於昔人而令名不聞老將至矣而 國恩未報未敢言去蓋嘗恐茲心之不從也君之孫宣德郎公輔以君詩集來告願得予文以冠其首予素高君之行竊其止足而懼不能蹈也故具道曏昔之意以授之凡君詩古律若干篇分爲二十卷十二月二十三日

王子立秀才文集引一首

吾子既壯有二壻曰文務光王適務光俊而剛適秀而和予方從

事南都二子從予學爲文皆長於詩騷然務光之文悲哀摧咽有江文通孟東野感物傷巳之思予每非之曰子有父母昆弟之樂何苦爲此務光終不能改也旣而喪其親終喪五年而終予哭之慟曰悲夫彼其文固有以兆之乎始予自南都謫居江南凡六年而歸適未嘗一日不從也旣與予同憂患至於涵泳圖史馳騖浮圖老子之說亦未嘗不同之故其聞道益深爲文益高而予觀之亦益久蓋其於兄弟妻子嚴而有恩和而有禮未嘗有過故予嘗曰子非獨予親戚亦朋友也元祐四年秋予奉　詔使契丹九月君以女弟將適人將鬻濟南之田以遺之告予爲一月之行明年

六孫名字說 一首 此首擬补開詩引後

予老以示子予讀之流涕爲此文冠之庶幾初爾能並以畀之

懿其卒在適乎適實君之文得詩若干賦若干雜文若干分爲若

生君弟適曾與君客徐始識予兄子贍子贍皆賢之意王氏之遺

予老矣而并失此二人能無悲乎君之沒文初未能言而予裔未

而君以孝友文章居其後謂當久遠而中道夭理有不當然者況

厚重氣節稱考諱正路尚書比部郎中幾易好施得名於士大夫

予濟南病沒於泰高子與之先塋君大父諱繼慶曆中樞密使以

春還自契丹及境而君書不至予固疑之及家聞之曰噫嘻君未

子三子伯曰遲仲曰适叔曰遜始各一子耳予年六十有五而三人各復一子於是予始六孫昔予兒子瞻命其諸孫皆以竹名故名遲之子長曰簡幼曰策易曰乾以易知坤以簡能易則易知簡則易從易知則有親易從則有功有親則可久有功則可大可久則賢人之德可大則賢人之業故簡之字曰業乾之策二百一十有六坤之策一百四十有四易之始未有策也文王演而重之然後策可見故策之字曰演适之子長曰籀幼曰範書起於篆而究於隸史籀始篆篆隸皆成於滋也故籀之字曰滋範法也王良與嬖奚乘不獲一禽曰我爲之範馳驅終日不獲一爲之詭遇一朝

而獲十我不貫與小人乘請辭故範之字曰御遜之子長曰筠幼曰築始于得罪於一朝而放於筠遂從而筠生傳曰禮之於人如松栢之有心也如竹箭之有筠也皆其堅者也故筠之字曰堅孔子曰譬如爲山未成一簣止吾止也譬如平地雖覆一簣進吾往也爲山者必築前無所見則未成一簣而止苟有見矣則雖覆一簣而進進而不止雖山可成也故築之字曰進予蓋老矣而三子方壯將復有子而予不及見乎則已矣如猶及見焉則又將名之族其長而示之使知名之之意焉可也

書孫朴學士手寫華嚴經後　一首

開府孫公歷仕四朝與聞國政者再經涉夷險而不改其度世皆知貴之矣至其中心純白表裏如一平生無負於物則世之人未必盡知之公之守眞定也聞其覺山僧惠寳說法惻然有契於心遂以爲善知識復受　詔祈雨此山能出其靈蛇以救枯槁此僧此蛇豈其用意專精獨有以識公誠心歟公亦嘗爲請於　朝得閒歲度僧又爲寳立碑于塔終身眷眷若有遇於此公子元忠復手書此經藏之山中以成公遺意如佛所說因緣不爲妄語則子兄子瞻所記可信不疑矣元祐八年十二月八日

書楞嚴經後一首

予自十年來於佛法中漸有所悟經歷憂患皆世所希有而眞心不亂每得安樂崇寧癸未自許遷蔡杜門幽坐取楞嚴經翻覆熟讀乃知諸佛涅槃正路從六根入每趺坐燕安覺外塵引起六根根若隨去卽墮生死道中根若不隨返流全一中中流入卽是涅槃眞際觀照旣久如淨琉璃內含寶月稽首十方三世一切佛菩薩羅漢僧慈悲哀愍惠我無生法忍無漏勝果誓願心心護持勿令退失三月二十五日志

書金剛經後二首

予讀楞嚴知六根源出于一外緣六塵流而爲六隨物淪逝不能

自返如來憐愍衆生爲設方便使知出門卽是歸路故於此經指涅槃門初無隱蔽若衆生能洗心行法使塵不相緣根無所偶返流全一六用不行晝夜中中流入與如來法流水接則自其肉身便可成佛如來猶恐衆生於六根中未知所從乃使二十五弟子各說所證而觀世音以聞思修爲圓通第一其言曰初於聞中入流無所所入既寂動靜二相了然不生如是漸增聞所聞盡盡聞不住覺所覺空空覺極圓空所空滅生滅既滅寂滅見前若能如是圓拔一根則諸根皆脫於一彈指頃遍歷三空卽與諸佛無異矣既又讀金剛經說四果人須陀洹名爲入流而無所入不入色

近天眼也知物皆妄坐而轉物慧眼也入萬法遍法界法眼也以
經言如來有五眼近矚牆宇遠覽山河肉眼也隨其福德見有遠
觀二經之言不若符契而世或不察故明言之
可得然則所謂四果者其實一法也但歷三空有淺深之異耳于
能無往阿那含非徒不往而亦無來至阿羅漢則往來意盡無法
不求而實無不來盡往則入塵求則返本斯陀含雖能來矣而未
常住斯入流矣至於斯陀含名一往來而實無往來阿那含名為
所謂初於聞中入流無所者耶入流非有法也唯不入六塵安然
聲香味觸法是名須陀洹乃般經而歎曰須陀洹所證則觀世音

惠　惠

慧眼轉物以法眼遍物佛眼也謂如來有慧眼法眼佛眼可也何肉眼天眼之有曰如來爲衆生故入諸趣在人則同其肉眼在天則同其天眼如聲聞人住無爲法而畏生死則亦有慧眼而已耳

書白樂天集後二首

元符元年夏六月予自海康再謫龍川冒大暑水陸行數千里至羅浮水益小舟益庳惕然有瘴暍之慮乃留家於山下獨與幼子遠葛衫布被乘葉舟秋八月而至既至廬於城東聖壽僧舍閉門索然無以終日欲借書於居人而民家無畜書者獨西鄰黃氏世爲儒粗有簡册乃得樂天文集閱之樂天少年知讀佛書習禪定

既涉世履憂患胸中了然照諸幻之空也故其還朝爲從官小不合卽捨去分司東洛優游終老蓋唐世士大夫達者如樂天寡矣予方流轉風浪未知所止息觀其遺文中甚愧之然樂天處世不幸在牛李黨中觀其平生端而不倚非有所附麗者也蓋勢有所至而不能已耳會昌之初李文饒用事樂天適已七十遂求致仕不一二年而沒嗟夫文饒尚不能置一樂天於分司中耶然樂天每閑冷衰病發於咏歎輒以公卿投荒僇死不獲其終者自解予亦鄙之至其闇文饒謫朱崖三絕句刻覈尤甚樂天雖陋蓋不至此也且樂天死於會昌末年而文饒之竄在會昌末年此決非樂

天之詩豈樂天之徒淺陋不學者附益之耶樂天之賢當爲辨之圓覺經云動念息念皆歸迷悶世間諸修行人不墮動念中卽墮息念中矣欲兩不墮必先辨眞妄使眞不滅則妄不起妄不起而六根之源湛如止水則未嘗息念而念自靜矣如此乃爲眞定眞定旣立則眞惠自生定惠圓滿而衆善自至此諸佛心要也金剛經云應無所住而生其心旣不住六塵亦不住靜六塵日夜遊於六根而兩不相染此樂天所謂六根之源湛如止水也六祖嘗告大弟子假使坐而不動除得妄起心此法同無情卽能障道道須流通何以卻住心心不住卽流通住卽被縛故五祖告牛頭亦云

妄念既不起眞心任遍知皆所謂應無住而生其心者也佛祖舊說符合如此而樂天八漸偈亦似見此事故書其後寄子嚀兄

書鮮于子駿父母贈告後一首

中山鮮于子駿世居閬中昔伯父文甫郎中通守是邦子駿方弱冠以進士見伯父稱之曰君異日學爲名儒仕爲循吏遂以鄉舉送之其後子駿宦學日以有聲予侍親京師始從之遊已而予在應天幕府子駿以部使者攝府事朝夕相從也元祐初予爲中書舍人子駿爲諫議大夫出入東西省無日不見是時司馬君實呂晦叔范堯夫皆在　朝廷與子駿有平生之舊方將大用之而子

駿已病矣是歲　明堂赦書贈其先人金紫光祿大夫安德郡太夫人予適當制實爲之詞未幾子駿以疾不起歸葬陽翟後十年士大夫遭南遷之禍凡七年予自龍川歸潁川子駿之子綽來見涕泗言曰伯兄頔季弟焯不幸亡矣惟羣綽在公與先君有文字之好願録舊詞將刻之石以慰諸孤思慕不已之意予亦流落南荒不自意全得至於此撫念存没流涕而從其請建中靖國元年三月十七日記

蘇文定公後集卷二十一

空三行

先妣

其

子瞻和陶淵明詩集引 一首 此首在王子立文集引後

東坡先生謫居儋耳寘家羅浮之下獨與幼子過負擔渡海葺茅
竹而居之日啗〔薯〕芋而華屋玉食之念不存於胸中平生無所嗜
好以圖史爲園囿文章爲鼓吹至此亦皆罷去獨〔猶〕喜爲詩精深華
妙不見老人衰憊之氣是時轍亦遷海康書來告曰古之詩人有
擬古之作矣未有追和古人者也追和古人則始於東坡吾於詩
人無所甚好獨好淵明之詩淵明作詩不多然其詩質而實綺癯
而實腴自曹劉鮑謝李杜諸人皆莫及也吾前後和其詩凡百數
十篇至其得意自謂不甚愧淵明今將集而并錄之以遺後之君

子子爲我志之然吾於淵明豈獨好其詩也哉如其爲人實有感焉淵明臨終疏告儼等吾少而窮苦每以家貧東西遊走性剛才拙與物多忤自量爲已必貽俗患黽勉辭世使汝等幼而飢寒淵明此語蓋實錄也吾今眞有此病而不蚤自知半生出仕以犯世患此所以深服淵明欲以晚節師範其萬一也嗟夫淵明不肯爲五斗米一束帶見鄉里小人而子瞻出仕三十餘年爲獄吏所折困終不能悛以陷于大難乃欲以桑榆之末景自託於淵明其誰肯信之雖然子瞻之仕其出入進退猶可考也後之君子其必有以處之矣孔子曰述而不作信而好古竊比於我老彭孟子曰曾

子子思同道區區之迹蓋未足以論士也轍少而無師子瞻既冠而學成先君命轍師焉子瞻嘗稱轍詩有古人之風自以為不若也然自其斥居東坡其學日進沛然如川之方至其詩比杜子美李太白為有餘遂與淵明比轍雖馳驟從之常出其後其和淵明轍繼之者亦一二焉紹聖四年二月二十九日海康城南東齋引

欒城後集卷之二十二

宋眉山蘇轍子由著

明東吳王執禮子敬
顧天敘禮初仝校

墓誌銘一首

亡兄子瞻端明墓誌銘

予兄子瞻謫居海南四年春正月　今天子卽位推恩海內澤及鳥獸夏六月公被　命渡海北歸明年舟至淮浙秋七月被病卒於毘陵吳越之民相與哭於市其君子相弔於家訃聞四方無賢愚皆咨嗟出涕太學之士數百人相率飯僧慧林佛舍嗚呼斯文

墜矣後生安所復仰公始病以書屬轍曰即死葬我嵩山下子爲

我銘轍執書哭曰小子忍銘吾兄公諱軾姓蘇字子瞻一字和仲

世家眉山曾大父諱杲贈太子太保妣宋氏追封昌國太夫人大

父諱序贈太子太傅妣史氏追封嘉國太夫人考諱洵贈太子太

師妣程氏追封成國太夫人公生十年而先君宦學四方太夫人

親授以書聞古今成敗輒能語其要太夫人嘗讀東漢史至范滂

傳慨然太息公侍側曰軾若爲滂夫人亦許之否乎太夫人曰汝

能爲滂吾顧不能爲滂母耶公亦奮厲有當世志太夫人喜曰吾

有子矣比冠學通經史屬文日數千言嘉祐二年歐陽文忠公考

試禮部進士疾時文之詭異思有以救之梅聖俞時與其事得公
論刑賞以示文忠文忠驚喜以爲異人欲以冠多士疑曾子固所
爲子固文忠門下士也乃寘公第二復以春秋對義居第一殿試
中乙科以書謝諸公文忠見之以書語聖俞曰老夫當避此人放
出一頭地士聞者始譁不厭久乃信服丁太夫人憂終喪五年授
河南福昌主簿文忠以直言薦之祕閣試六論舊不起草以故文
多不工公始具草文義粲然時以爲難比答制策復入三等除太
理評事簽書鳳翔府判官長吏意公文人不以吏事責之公盡心
其職老吏畏服關中自元昊叛命人貧役重岐下歲以南山木栰

自渭入河經底柱之險衙前以破產者相繼也公徧問老校曰木
栰之害本不至此若河渭未漲操栰者以時進止可無重費也患
其乘河渭之暴多方害之耳公即修衙規使衙前得自擇水工栰
行無虞乃言於府使得係籍自是衙前之害減半治平二年罷還
判登聞鼓院　英宗在藩聞公名欲以唐故事召入翰林宰相限
以近例欲召試秘閣　上曰未知其能否故試如蘇軾有不能耶
宰相猶不可及試二論皆入三等得直史館丁先君憂服除時熙
寧二年也王介甫用事多所建立公與介甫議論素異既還朝寘
之官告院四年介甫欲變更科舉　上疑焉使兩制三館議之公

議上　上悟曰吾固疑此得蘇軾議意釋然矣即日召見問何以
助朕公辭避久之乃曰臣竊意　陛下求治太急聽言太廣進人
太銳願　陛下安靜以待物之來然後應之　上竦然聽受曰卿
三言朕當詳思之介甫之黨皆不悅命攝開封推官意以多事困
之公決斷精敏聲問益遠會上元有旨市浙燈公密疏舊例無有
不宜以玩好示人即有旨罷殿前初策進士舉子希合爭言　祖
宗法制非是公爲考官退擬答以進深中其病自是論事愈力介
甫愈恨御史知雜事者爲誣奏公過失窮治無所得公未嘗以一
言自辨乞外任避之通判杭州是時四方行靑苗免役市易浙西

兼行水利鹽法公於其間常因法以便民民賴以少安高麗入貢使者凌蔑州郡押伴使臣皆本路筦庫乘勢驕横至與鈐轄亢禮公使人謂之曰遠夷慕化而來理必恭順今乃爾暴恣非汝導之不至是也不悛當奏之押伴者懼爲之小戢使者發幣於官吏書稱甲子公卻之曰高麗於　本朝稱臣而不禀正朔吾安敢受使者亟易書稱熙寧然後受之時以爲得體吏民畏愛及罷去猶謂之學士而不言姓自杭徙知密州時方行手實法使民自疏財産以定戶等又使人得告其不實司農寺又下諸路不時施行者以違制論公謂提舉常平官曰違制之坐若白　朝廷誰敢不從今

出於司農是擅造律也若何使者驚曰公姑徐之未幾　朝廷亦
知手實之害罷之密人私以爲幸郡嘗有盜竊發而未獲安撫轉
運司憂之遣一三班使臣領悍卒數十人入境捕之卒凶暴恣行
以禁物誣民入其家爭鬬至殺人畏罪驚散欲爲亂民訴之公投
其書不視曰必不至此潰卒聞之少安徐使人招出戮之自密徙
徐是時河決曹村泛于梁山泊溢于南淸河城南兩山環繞呂梁
百步扼之滙于城下漲不時洩城將敗富民爭出避水公曰富民
若出民心動搖吾誰與守吾在是水決不能敗城驅使復入公履
屨杖策親入武衛營呼其卒長謂之曰河將害城事急矣雖禁軍

宜爲我盡力卒長呼曰太守猶不避水潦吾儕小人効命之秋也執挺入火伍中率其徒短衣徒跣持畚鍤以出築東南長隄首起戲馬臺尾屬於城堤成水至堤下害不及城民心乃安然雨日夜不止河勢益暴城不沉者三板公廬於城上過家不入使官吏分堵而守卒完城以聞復請調來歲夫增築故城爲木岸以虞水之再至　朝廷從之訖事詔褒之徐人至今思焉徙知湖州以表謝上言事者擿其語以爲謗遣官逮赴御史獄初公既補外見事有不便於民者不敢言亦不敢默視也緣詩人之義託事以諷庶幾有補於國言者從而媒蘖之　上初薄其過而浸潤不止是以不

得已從其請既付獄吏必欲寘之死鍛鍊久之不決　上終憐之
促具獄以黃州團練副使安置公幅巾芒屩與田父野老相從溪
谷之間築室於東坡自號東坡居士五年　上有意復用而言者
沮之　上手札徙汝州略曰蘇軾黜居思咎闊歲滋深人材實難
不忍終棄未至　上書自言有飢寒之憂有田在常願得居之書
朝入夕報可士大夫知　上之卒喜公也會晏駕不果復用至常
以　哲宗即位復朝奉郎知登州至登召爲禮部郎中公舊善門
下侍郎司馬君實及知樞密院章子厚二人冰炭不相入子厚每
以謔侮困君實君實苦之求助於公公見子厚曰司馬君實時望

甚重昔許靖以虛名無實見鄙於蜀先主法正曰靖之浮譽播流四海若不加禮必以賤賢為累先主納之乃以靖為司徒許靖且不可慢況君實乎子厚以為然君實賴以少安既而　朝廷緣先帝意欲用公除起居舍人公起於憂患不欲驟履要地力辭之見宰相蔡持正自言持正曰公徊翔久矣　朝中無出公右者公固辭持正曰今日誰當在公前者公曰昔林希同在館中年且長持正曰希固當先公耶卒不許然希亦由此繼補記注元祐元年公以七品服入侍延和即改賜銀緋二年遷中書舍人時君實方議改免役為差役差役行於　祖宗之世法久多弊編戶充役不

習官府吏虐使之多以破産而狹鄉之民或有不得休息者　先
帝知其然故爲免役使民以戶高下出錢而無執役之苦行法者
不循　上意於雇役實費之外取錢過多民遂以病若量出爲入
毋多取於民則足矣君實爲人忠信有餘而才智不足知免役之
害而不知其利欲一切以差役代之方差官置局公亦與其選獨
以實告而君實始不悅矣嘗見之政事堂條陳不可君實忿然公
曰昔韓魏公刺陝西義勇公爲諫官爭之甚力魏公不樂公亦不
顧軾昔聞公道其詳豈今日作相不許軾盡言耶君實笑而止公
知言不用乞補外不許君實始怒有逐公意矣會其病卒乃已時

臺諫官多君實之人皆希合以求進惡公以直形已爭求公瑕疵既不可得則因緣熙寧謗訕之說以病公公自是不安於朝矣尋除翰林學士二年復除侍讀每進讀至治亂盛衰邪正得失之際未嘗不反覆開導覬　上有所覺悟上雖恭默不言聞公所論說輒首肯喜之三年權知禮部貢舉會大雪苦寒士坐庭中噤不能言公寬其禁約使得盡其技而巡捕內臣伺其坐起過爲凌辱公以其傷動士心虧損國體奏之有旨送內侍省撻而逐之士皆悅服嘗侍　上讀　祖宗寶訓因及時事公歷言今賞罰不明善惡無所勸沮又黃河勢方西流而強之使東夏人寇鎮戎殺掠幾萬

人帥臣掩蔽不以聞　朝廷亦不問事每如此恐寖成衰亂之漸
當軸者恨之公知不見容乞外任四年以龍圖閣學士知杭州時
諫官言前宰相蔡持正知安州作詩借郝處俊事以譏刺時事大
臣議逐之嶺南公密疏言　朝廷若薄確之罪則於　皇帝孝治
爲不足若深罪確則於　太皇太后仁政爲小累謂宜　皇帝降
敕置獄逮治而　太皇太后內出手詔赦之則仁孝兩得矣　宣
仁后心善公言而不能用公出郊未發遣內侍賜龍茶銀合用前
執政恩例所以慰勞甚厚及至杭吏民習公舊政不勞而治歲適
大旱飢疫並作公請於　朝免本路上供米三之一故米不翔貴

復得賜度僧牒百易米以救飢者明年方春即減價糶常平米民
遂免大旱之苦公又多作饘粥藥劑遣吏挾醫分坊治病活者甚
衆公曰杭水陸之會因疫病死比他處常多乃裒羨緡得二千復
發私橐得黃金五十兩以作病坊稍畜錢糧以待之至於今不廢
是秋復大雨太湖泛溢害稼公度來歲必飢復請于　朝乞免上
供米半又多乞度牒以糴常平米并義倉所有皆以備來歲出糶
朝廷多從之由是吳越之民復免流散杭本江海之地水泉鹹
苦居民稀少唐刺史李泌始引西湖水作六井民足於水故井邑
日富及白居易復浚西湖放水入運河自河入田所溉至千頃然

湖水多葑自唐及錢氏歲輒開治故湖水足用近歲廢而不理至
是湖中葑田積二十五萬餘丈而水無幾矣運河失湖水之利則
取給於江潮潮渾濁多淤河行闤闠中三年一淘爲市井大患而
六井亦幾廢公始至浚茅山鹽橋二河以茅山一河專受江潮以
鹽橋一河專受湖水復造堰閘以爲湖水畜洩之限然後潮不入
市且以餘力復完六井民稍獲其利矣公閒至湖上周視良久曰
今欲去葑田葑田如雲將安所寘之湖南北三十里環湖往來終
日不達若取葑田積之湖中爲長堤以通南北則葑田去而行者
便矣吳人種菱春輒芟除不遺寸草葑田若去募人種菱收其利

以備修湖則湖當不復堙塞乃取救荒之餘得錢糧以貫石數者

萬復請於　朝得百僧度牒以募役者堤成植芙蓉楊柳其上望

之如圖畫杭人名之蘇公堤杭僧有淨源者舊居海濵與舶客交

通牟利舶至高麗交譽之元豐末其王子義天來朝因往拜焉至

是源死其徒竊持其畫像附舶往告義天亦使其徒附舶來祭祭

訖乃言國母使以金塔二祝　皇帝　太皇太后壽公不納而奏

之曰高麗久不入貢失賜予厚利意欲來朝矣未測　朝廷所以

待之薄厚故因祭亡僧而行祝壽之禮禮意𡙡薄蓋可見矣若受

而不答則遠夷或以怨怒因而厚賜之正墮其計臣謂　朝廷宜

勿與知而使州郡以理御之然庸儈猾商敢擅招誘外夷邀求厚
利為　國生事其漸不可長宜痛加懲創　朝廷皆從之未幾高
麗貢使果至公按舊例使之所至吳越七州實費二萬四千餘緡
而民間之費不在乃令諸郡量事裁損比至民獲交易之利而無
侵擾之害浙江潮自海門東來勢如雷霆而浮山峙於江中與漁
浦諸山犬牙相錯洄洑激射歲敗公私船不可勝計公議自浙江
上流地名石門並山而東鑿為運河引浙江及谿谷諸水二十餘
里以達于江又並山為岸不能十里以達于龍山之大慈浦自浦
北折抵小嶺鑿嶺六十五丈以達于嶺東古河浚古河數里以達

于龍山運河以避浮山之險人皆以爲便奏　聞有惡公成功者會公罷歸使代者盡力排之功以不成公復言三吳之水瀦爲太湖太湖之水溢爲松江以入海海日兩潮潮濁而江淸潮水嘗欲淤塞江路而江水淸駛隨輒滌去海口嘗通則吳中少水患昔蘇州以東公私船皆以篙行無陸挽者自慶曆以來松江大築挽路建長橋以扼塞江路故今三吳多水欲鑿挽路爲千橋以迅江勢亦不果用人皆恨之公二十年間再莅此州有德於其人家有畫像飲食必祝又作生祠以報六年召入爲翰林承旨復侍邇英當軸者不樂風御史攻公公之自汝移常也授命於宋會　神考晏

篤哭於宋而南至楊州常人爲公買田書至公喜作詩有聞好語之句言者妄謂公聞諱而喜乞加深譴然詩刻石有時日　朝廷知言者之妄皆逐之公懼請外補乃以龍圖閣學士守潁先是開封諸縣多水患吏不究本末決其陂澤注之惠民河河不能勝則陳亦多水至是又將鑿鄧艾溝與潁河並且鑿黄堆注之於淮議者多欲從之公適至遣吏以水平準之淮之漲水高於新溝幾一丈若鑿黄堆淮水顧流浸州境決不可爲　朝廷從之郡有宿賊尹遇等數人羣黨驚劫殺變主及捕盜吏兵者非一　朝廷以名捕不獲被殺者噤不敢言公召汝陰尉李直方謂之曰君能擒此

當力言於　朝乞行優賞不獲亦以不職奏免君矣直方退緝知羣盜所在分命弓手往捕其黨而躬往捕遇直方有母年九十母子泣別而行手戟刺而獲之然小不應格推賞不及公爲言於朝請以年勞改朝散郎階爲直方賞　朝廷不從其後吏部以公當遷以符會公考公自謂已許直方卒不報七年徙揚州發運司舊主東南漕法聽操舟者私載物貨征商不得留難故操舟者富厚以官舟爲家補其弊漏而周船夫之乏困故其所載率無虞而速達近歲不忍征商之小失一切不許故舟弊人困多盜所載以濟飢寒公私皆病公奏乞復故　朝廷從之未閲歲以兵部尚書

召還兼侍讀是歲親祀南郊爲鹵簿使導　駕入太廟有貴戚以
其車從爭道不避仗衞公於車中劾奏之明日中使傳命申敕有
司嚴整仗衞尋遷禮部復兼端明殿翰林侍讀二學士高麗遣使
請書於　朝　朝廷以故事盡許之公曰漢東平王請諸子及太
史公書猶不肯與今高麗所請有甚於此其可予之乎不聽公臨
事必以正不能俛仰隨俗乞守郡自劾八年以二學士知定州定
州　軍政尤弛武衞卒驕墮不敎軍校蠶食其廩賜皆不敢向
問公取其貪汙甚者配隸遠惡然後繕修城隍禁止飲博軍中衣
食稍足乃部勒以戰法衆皆畏懼故諸校多不自安者有卒史復

以賊訴其長公曰此事吾自治則可汝若得告軍中亂矣亦決配之衆乃定會春大閱軍禮久廢將吏不識上下之分公命舉舊典元帥常服坐帳中將吏戎服奔走執事副總管王光祖自謂老將耻之稱疾不出公召書吏作奏將上光祖震恐而出訖事無敢慢者定人言自韓魏公去不見此禮至今矣北戎久和邊兵不試臨事有不可用之憂惟沿邊弓箭社兵與寇爲鄰以戰射自衞猶號精鋭故相龐公守邊因其故俗立隊伍將校出入賞罰緩急可使歲久法弛復爲保甲所撓漸不爲用公奏爲免保甲及兩稅折變科配長吏以時訓勞不報議者惜之時方例廢舊人公坐爲中書

舍人日草責降官制直書其罪誣以謗訕紹聖元年遂以本官知英州尋復降一官未至復以寧遠軍節度副使安置惠州公以侍從齒嶺南編戶獨以少子過自隨瘴癘所侵蠻蜒所侮胸中泊然無所蔕芥人無賢愚皆得其歡心疾苦者畀之藥殞斃者納之竁又率衆爲二橋以濟病涉者惠人愛敬之居三年大臣以流竄者爲未足也四年復以瓊州別駕安置昌化昌化非人所居食飲不具藥石無有初僦官屋以庇風雨有司猶謂不可則買地築室昌化士人畚土運甓以助之爲屋三間人不堪其憂公食芋飲水著書以爲樂時從其父老遊亦無間也元符三年大赦北還初徙廉

再徙永巳乃復朝奉郎提舉成都玉局觀居從其便公自元祐以來未嘗以歲課乞遷故官止於此勳上輕車都尉封武功縣開國伯食邑九百戶將居許病暑暴下中止於常建中靖國元年六月請老以本官致仕遂以不起未終旬日獨以諸子侍側曰吾生無惡死必不墜慎無哭泣以怛化問以後事不答湛然而逝實七月丁亥也公娶王氏追封通義郡君繼室以其女弟封同安郡君亦先公而卒子三人長曰邁雄州防禦推官知河間縣事次曰迨次曰過皆承務郎孫男六人簞符箕籥筌籌明年閏六月癸酉葬於汝州郟城縣釣臺鄉上瑞里公之於文得之於天少與轍皆師先

君初好賈誼陸贄書論古今治亂不爲空言既而讀莊子喟然歎息曰吾昔有見於中口未能言今見莊子得吾心矣乃出中庸論其言微妙皆古人所未喻嘗謂轍曰吾視今世學者獨子可與我上下耳既而謫居於黃杜門深居馳騁翰墨其文一變如川之方至而轍瞠然不能及矣後讀釋氏書深悟實相參之孔老博辯無礙浩然不見其涯也先君晚歲讀易玩其爻象得其剛柔遠近喜怒逆順之情以觀其詞皆迎刃而解作易傳未完疾革命公述其志公泣受命卒以成書然後千載之微言煥然可知也復作論語說時發孔氏之秘最後居海南作書傳推明上古之絕學多先儒

所未達既成三書撫之歎曰今世要未能信後有君子當知我矣至其遇事所爲詩騷銘記書檄論譔率皆過人有東坡集四十卷後集二十卷奏議十五卷内制十卷外制三卷公詩本似李杜晚喜陶淵明追和之者幾遍凡四卷幼而好書老而不勌自言不及晉人至唐褚薛顔柳髣髴近之平生篤於孝友輕財好施伯父太白早亡子孫未立杜氏姑卒未葬先君没有遺言公既除喪卽以禮葬姑及官可蔭補復以奏伯父之曾孫彭其於人見善稱之如恐不及見不善斥之如恐不盡見義勇於敢爲而不顧其害用此數困於世然終不以爲恨孔子謂伯夷叔齊古之賢人曰求仁而

得仁又何怨公實有焉銘曰

蘇自欒城西宅于眉世有潛德而人莫知猗歟先君名施四方公幼師焉其學以光出而從君道直言忠行險如夷不謀其躬英祖擢之　神考試之亦既知矣而未克施晩侍　哲皇進以詩書誰實間之一斥而疏公心如玉焚而不灰不變生死孰爲去來古有微言衆說所蒙手發其樞恃此以終心之所涵遇物則見聲融金石光溢雲漢耳目同是舉世畢知欲造其淵或眩以疑絕學不繼如已斷弦百世之後豈其無賢我初從公賴以有知撫我則兄誨我則師皆遷于南而不同歸天實爲之莫

知我哀

欒城後集卷之二十三終

欒城後集卷之二十三

宋眉山蘇轍子由著

明東吳王執禮子敬　顧天叙禮初　仝校

神道碑一首

歐陽文忠公神道碑　答公子叔弼書附

熙寧五年秋七月觀文殿學士太子少師致仕歐陽文忠公薨于汝陰八年秋九月諸子奉公之喪葬于新鄭旌賢鄉自葬至崇寧五年凡三十有二年矣公子棐以墓隧之碑來請轍方以罪廢于家且病不能執筆辭不獲命乃曰病苟不死當如君志既而病已

謹案歐陽氏自唐率更令之四世孫琮爲吉州刺史後世因家于吉曾祖諱郴南唐武昌令贈太師中書令妣劉氏追封楚國太夫人祖諱偃南唐南京衙院判官贈太師中書令兼尚書令妣李氏追封吳國太夫人考諱觀泰州軍事推官贈太師中書令兼尚書令封鄭國公妣鄭氏追封韓國太夫人公諱脩字永叔生四歲而孤韓國守節自誓親教公讀書家貧至以荻畫地學書公敏悟過人所覽輒能誦比成人將舉進士爲一時偶儷之文已絶出倫輩翰林學士胥公時在漢陽見而奇之曰子必有名於世館之門下公從之京師兩試國子監一試禮部皆第一人遂中甲科補西京

留守推官始從尹師魯遊爲古文議論當世事迭相師友與梅聖俞遊爲歌詩相倡和遂以文章名冠天下留守王文康公知其賢還　朝薦之景祐初召試遷鎮南軍節度掌書記館閣校勘時范文正公知開封府每進見輒論時政得失宰相惡之斥守饒州公見諫官高若訥若訥詆誚范公以爲當黜公爲書責之坐貶峽州夷陵令明年移乾德令復爲武成軍節度判官康定初范公起爲陝西經略招討安撫使辟公掌書記公笑曰吾論范公豈以爲利哉同其退不同其進可也辭不就召還復校勘遷太子中允與修崇文總目慶曆初遷集賢校理同知太常禮院求補外通判滑州

事時西師未解契丹初復舊約京東西盜賊蜂起國用不給　仁
宗知朝臣不任事始登進范公及杜正獻公富文忠公韓忠獻公
分列二府增諫員取敢言士公首被選以太常丞知諫院賜五品
服未幾修起居注公每勸　上延見諸公訪以政事　上再出手
詔使諸公條天下事又開天章閣召對賜坐給紙筆使具疏于前
諸公惶恐退而上時所宜先者十數事於是有詔勸農桑興學校
革磨勘任子等弊中外悚然而小人不便相與騰口謗之公知其
必爲害常爲上分别邪正勸力行諸公之言初范公之貶饒州公
與尹師魯余安道皆以直范公見逐目之黨人自是朋黨之論起

久而益熾公乃爲朋黨論以進言君子以同道爲朋小人以同利爲朋人君但當退小人之僞朋用君子之眞朋其言懇惻詳盡其後諸公卒以黨議不得久畱於　朝公性疾惡論事無所回避小人視之如仇讎而公愈奮厲不顧　上獨深知其忠改右正言知制誥賜三品服仍知諫院故事知制誥必試　上知公之文有旨不試與近世楊文公陳文惠公比逮公三人而已嘗因奏事論及人物　上目公曰如歐陽修何處得來蓋欲大用而未果也四年大臣有言河東芻糧不足請廢麟州徙治合河津或請廢其五寨命公往視利害公曰麟州天嶮不可廢也麟州廢則五寨不可守

五寨不守則府州遂爲孤壘今五寨存故虜在二三百里外若五
寨廢則夾河皆虜巢穴河内州縣皆不安居矣不若分其兵駐並
河清寨堡緩急不失應副而平時可省轉輸由是麟州得不廢又
言忻代州岢嵐火山軍並邊民田廢不得耕號爲禁地吾雖不耕
而虜常盜耕之若募民計口出丁爲兵量入租粟以耕歲可得數
百萬斛不然他日且盡爲虜有議下太原帥臣以爲不便持之久
之乃從凡河東賦斂過重民所不堪奏罷者十數事自河東還會
保州兵亂又以公爲龍圖閣直學士河北都轉運使陛辭　上面
諭無爲久留計有所欲言言之公曰諫官得風聞言事外官越職

而言罪也　上曰第以聞勿以中外爲意河北諸軍怙亂驕恣小不如意輒脅持州郡公奏乞優假將帥以鎮壓士心軍中乃定初保州亂兵皆招以不死既而悉誅之脅從二千人亦分隸諸州富公爲宣撫使恐後生變與公相遇於內黄夜半屏人謀欲使諸州同日誅之公曰禍莫大於殺已降況脅從乎既非　朝命州郡有一不從爲變不細富公悟乃止公奏置御河催綱司以督糧餉邊州賴之又置磁相州都作院以繕一路戎器河北方小治而二府諸公相繼以黨議罷去公慨然上書論之用事者益怒會公之外甥女張嫁公族人晟以失行繫獄言事者乘此欲并中公遂起詔

獄窮治張貴産　上使中官監劾之卒辨其誣猶降官知滁州事

居二年徙楊州又徙潁州遷禮部郎中復龍圖閣直學士留守南

京遷吏部郎中丁韓國太夫人憂至和初服除入見鬚髮盡白

上怪之問勞惻然恩意甚厚命判吏部流内銓小人畏公且大用

僞爲公奏乞澄汰宦官宦官聞之果怒會選人胡宗堯當改官坐

嘗以官舟假人經赦去官法當循資公引對取旨　上特令改官

宦官有密奏者曰宗堯翰林學士宿之子有司右之私也遂出公

知同州言者多謂公無罪　上悟留刋修唐書俄入翰林爲學士

自滁州之貶至是十二年矣　上臨御旣久徧閲天下士羣臣未

有以大稱　上意上思富公韓公之賢復召寘二府　時慶曆舊
人惟二公與公三人皆在　朝廷士大夫知　上有致治之意翕
然相慶公以學士判三班院二年奉使契丹契丹使其貴臣宗願
宗熙蕭知足蕭孝友四人押燕曰此非常例以卿名重故爾嘉祐
初判太常寺二年權知貢舉是時進士爲文以詭異相高文體大
壞公患之所取率以詞義近古爲貴凡以嶮怪知名者黜去殆盡
榜出怨謗紛然久之乃服然文章自是變而復古三年加龍圖閣
學士權知開封府事所代包孝肅公以威嚴御下名震都邑公簡
易循理不求赫赫之譽有以包公之政勵公者公曰凡人材性不

紀城後集卷二十三　五

不自疑而敢請文帝亦不疑其臣有二心後唐明宗尤惡人言太子事然漢文帝立太子之後享國長久爲漢太宗明宗儲嗣不早

定而秦王以窺覬陷于大禍後唐遂亂　陛下何疑而久不定乎

公言事不擇劇易類如此五年以本官爲樞密副使明年爲參知政事公在兵府與曾魯公考天下兵數及三路屯戍多少地里遠近更爲圖籍凡邊防久闕屯戍者必加蒐補其在政府凡兵民官吏財利之要中書所當知者集爲總目遇事不復求之有司時富公久以母憂去位公與韓公同心輔政每議事心所未可必力爭韓公亦開懷不疑故嘉祐之政世多以爲得時東宮猶未定臣僚間有言者然皆不克行最後諫官司馬光知江州呂誨言之中書將囙二疏以請幸　上有可意相與力贊之一日奏事垂拱讀二

疏未及有言　上曰朕有意久矣顧未得其人耳宗室中誰可者
韓公對曰宗室不接外人臣等無由知之抑此事非臣下所敢議
當出自　聖斷　上乃稱　英宗舊名曰宮中嘗養此人今三十
許歲矣惟此人可耳是日　君臣定議於殿上將退公奏曰此事
至大臣等未敢卽行　陛下今夕更思之來日取　旨明日請之
崇政　上曰決無疑矣諸公皆曰事當有漸容臣等議所除官時
英宗方居濮王憂遂議起復除泰州防禦使判宗正寺來日復
對　上大喜諸公奏曰此事旣行不可中止乞　陛下斷之於心
內批付臣等行之可也　上曰此豈可使婦人知之中書行之足

矣時六年十月也及命下　英宗力辭　上聽候服除七年二月英宗既免喪稱疾不出至七月韓公議曰宗正之命既出外人皆知必爲　皇子矣今不若遂正其名使知愈退而愈進示　朝廷不可回之意衆稱善乃以其累表上之　上曰今當如何韓公未對公進曰宗室舊不領職事今有此命天下皆知　陛下意矣然誥敕付閤門得以不受今若以爲　皇子詔書一出而事定矣上以爲然遂下詔及宮車晏駕　皇子嗣位海內泰然有磐石之固然後天下皆詠歌　仁宗之聖以及諸公之賢而向之羣議消釋無餘至於小人亦磨滅不見矣　英宗卽位之初以疾未親

政　慈聖光獻太后臨朝公與諸公往來二宮彌縫其間卒復明辟樞密使嘗闕人公當次補韓公曾公議將進擬不以告公公覺其意謂二公曰今　天子諒陰　母后垂簾而二三大臣自相位置何以示天下二公大服而止其後張康節公去位　英宗復將用公公又力辭不拜公再辭重位諸公不喻其意而服其難八年遷戶部侍郎治平初特遷吏部　神宗即位遷尚書左丞公性剛直平生與人盡言無所隱及在二府士大夫有所干請輒面喻可否雖臺諫論事亦必以是非詰之以此得怨而公不卹也　朝廷議加濮王典禮詔下禮官與從官定議眾欲改封大國稱伯父議

未下臺官意公主此議遂專以詆公言者既以不勝補外而來者持公愈急御史蔣之奇弁以飛語汙公公杜門求辨其事　神宗察其誣連詔詰問詞窮逐去公亦堅求退　上知不可奪除觀文殿學士知亳州事熙寧初遷兵部尚書知靑州兼充京東東路安撫使時諸縣散靑苗錢公乞令民止納本錢以示不爲利罷提舉管局官聽民以願請不報三年除檢校太保宣徽南院使判太原府河東路經略安撫使公辭求知蔡州從之公在亳已六請致仕比至蔡逾年復請四年以觀文殿學士太子少師致仕公年未及謝事天下益以高公公昔守潁上樂其風土因卜居焉及歸而居

室未完處之怡然不以爲意公之在滁也自號醉翁作亭瑯邪山以醉翁名之晚年又字號六一居士曰吾集古録一千卷藏書一萬卷有琴一張有棊一局而常置酒一壺吾老於其間是爲六一自爲傳刻石亦名其文曰居士集居潁一年而薨享年六十有六贈太子太師謚文忠天下學士聞之皆出涕相弔後以諸子贈太師追封兖國公公之於文天材有餘豐約中度雍容俯仰不大聲色而義理自勝短章大論施無不可有欲效之不詭則俗不淫則陋終不可及是以獨步當世求之古人亦不可多得公於六經長於易詩春秋其所發明多古人所未見嘗奉詔撰唐本紀表志撰

五代史二書本紀法嚴而詞約多取春秋遺意其表傳志考與遷固相上下凡爲易童子問三卷詩本義十四卷唐本紀表志七十五卷五代史七十四卷居士集五十卷外集若干卷歸榮集一卷外制集三卷內制集八卷奏議集十八卷四六集七卷集古錄跋尾十卷雜著述十九卷公篤於朋友不以貴賤生死易意尹師魯石守道孫明復梅聖俞既沒皆經理其家或言之　朝廷官其子弟尤獎進文士一有所長必極口稱道惟恐人不知也公前後歷七郡守其政察而不苛寬而不弛吏民安之滁楊之人至爲立生祠鄭公嘗有遺訓戒慎用死刑韓國以語公公終身行之以謂漢

法惟殺人者死今法多雜犯死罪故死罪非殺人者多所平反蓋鄭公意也昔孔子生於衰周而識文武之道其稱曰文王既沒文不在兹乎雖一時諸侯不能用功業不見於天下而其文卒不可揜孔子既沒諸弟子如子貢子夏皆以文名於世數傳之後子思孟子孫卿並爲諸侯師秦人雖以塗炭遇之不能廢也及漢祖以干戈定亂紛紜未已而叔孫通陸賈之徒以詩書禮樂彌縫其闕矣其後賈誼董仲舒相繼而起則西漢之文後世莫能髣髴蓋孔氏之遺烈其所及者如此自漢以來更魏晉歷南北文弊極矣雖唐正觀開元之盛而文氣衰弱燕許之流倔強其間卒不能振惟

韓退之一變復古闕其頹波東注之海遂復西漢之舊自退之以來五代相承天下不知所以爲文　祖宗之治禮文法度追迹漢唐而文章之士楊劉而已及公之文行於天下乃復無愧於古於乎自孔子至今千數百年文章廢而復興惟得二人焉夫豈偶然也哉公初娶胥氏卽翰林學士偃之女再娶楊氏集賢院學士大雅之女後娶薛氏資政殿學士簡肅公奎之女追封岐國太夫人男八人發故承議郎奕故光祿寺丞棐朝奉大夫辯故承議郎餘早亡孫男六人愻故臨邑縣尉憲通仕郎恕奉議郎愬故宣義郎愿懋皆將仕郎孫女七人皆適士族公之在翰林也先君文安先

生以布衣隱居鄉閭聞　天子復用正人喜以書遺公公一見其文曰此孫卿子之書也及公考試禮部亡兄子瞻以進士試稠人中公與梅聖俞得其程文以爲異人是歲轍亦中下第公亦以謂不忝其家先君不幸捐館舍亡兄與轍皆流落不偶元祐初會於京師公家以公碑諉子瞻子瞻許焉旣又至於大故轍之不敏以父兄故不敢復辭銘曰

於穆　仁宗有臣文忠自險而夷保其初終惟古人臣終之實難匪不用賢有孽其間公奮自南聲被四方允文且忠有煒其光　上實聞之下實泥之三起三僨誰實使之僨而復全惟

天子明克明克終乃卒有成逮歲嘉祐　君臣一德左右天造民用飲食舜禹相授不改舊臣白髮蒼顏巋然在廷功成而歸維公本心彼其何知言恐不深潁水之濱甲第朱門新鄭之墟茂木高墳野人指之文忠之遺忠臣不危　仁祖之思

附

答歐陽叔弼學士書

轍啟令子承務見訪蒙示手書以先公神道碑未立猥以見屬轍與亡兄子瞻俱出先公門下亡兄平昔已許譔述不幸奄至大故此志不申則轍今日不當復以鄙陋不足以發明先公事業爲辭矣但有一事自患難以來八九年間鴦怯畏避未嘗秉

筆爲文衆所共悉又自北歸衰病日侵鬚髮變白志意消縮非

復曩日之比斯文一時大手筆也雖復勉強爲之深恐失前志

後不能成文重以獲罪奈何奈何若叔彌不以朝夕見迫許遷

延三數年間如其病疾少差幸未至死則不復辭矣然恐孝愛

懇切急於表見當世難以歲月竢耳不能如教悚息悚息

欒城後集卷之二十四

宋眉山蘇轍子由著

明東吳王執禮子敬　顧天敘禮初　仝校

雜文五首

巢谷傳

巢谷字元脩，父中世，眉山農家也。少從士大夫讀書，老為里校師。谷幼傳父學，雖朴而博。舉進士京師，見舉武藝者，心好之。谷素多力，遂棄其舊學，畜弓箭，習騎射。久之業成，而不中第。聞西邊多驍勇，騎射擊刺，為四方冠，去遊秦鳳涇原間，所至友其秀傑。有韓存

寶者尤與之善谷教之兵書二人相與爲金石交熙寧中存寶爲
河州將有功號熙河名將　朝廷稍奇之會瀘州蠻乞弟擾邊諸
郡不能制乃命存寶出兵討之存寶不習蠻事邀谷至軍中問焉
及存寶得罪將就逮自料必死謂谷曰我涇原武夫死非所惜顧
妻子不免寒餓橐中有銀數百兩非君莫使遺之者谷許諾即變
姓名懷銀步行往授其子人無知者存寶死谷逃避江淮間會赦
乃出予以鄉閭故幼而識之知其志節緩急可託者也予之在
朝谷浮沉里中未嘗一見紹聖初予以罪謫居筠州自筠徙雷自
雷徙循予兄子瞻亦自惠再徙昌化士大夫皆諱與予兄弟遊平

生親友無復相聞者谷獨慨然自眉山誦言欲徒步訪吾兄弟聞者皆笑其狂元符二年春正月自梅州遣予書曰我萬里步行見公不自意全今至梅矣不旬日必見死無恨矣予驚喜曰此非今世人古之人也既見握手相泣已而道平生逾月不厭時谷年七十有三矣瘦瘠多病非復昔日元脩也將復見子瞻於海南予愍其老且病止之曰君意則善然自此至儋數千里復當渡海非老人事也谷曰我自視未即死也公無止我留之不可閱其橐中無數十錢予方乏困亦強資遣之船行至新會有蠻隸竊其橐裝以逃獲於新州谷從之至新遂病死予聞哭之失聲恨其不用吾言

然亦奇其不用吾言而行其志也昔趙襄子厄於晉陽知伯率韓魏決水圍之城不沉者三版縣釜而爨易子而食羣臣皆懈惟高恭不失人臣之禮及襄子用張孟談計三家之圍解行賞羣臣以恭爲先談曰晉陽之難惟恭無功曷爲先之襄子曰晉陽之難羣臣皆懈惟恭不失人臣之禮吾是以先之谷於朋友之義實無愧高恭者惜其不遇襄子而前遇存寶後遇子兄弟子方雜居南夷與之起居出入蓋將終焉雖知其賢倘何以發之聞谷有子冢在涇原軍中故爲作傳異日以授之谷始名穀及見之循州改名谷云

亡姊王夫人墓志銘

伯父大中大夫生女子四人仲姊適進士王君東美器之獨享上壽年七十有五從其子肄爲梓州銅山尉官滿而歸沒於鄉閭實建中靖國元年十二月庚寅也前一歲轍與兄子瞻皆自嶺南蒙

恩北還將歸掃先墓是時兄弟惟仲姊在耳而子瞻舟行至毘陵復以疾不起轍既哭之則訃於鄉曰天倫之愛惟仲姊一人矣東西相望將誰訴者訃未達而仲姊又亡蓋哭之慟曰已矣手足盡矣何以立於世惟夫人幼敏而靜四歲而知絲纊十歲而知饋饍父母以爲能既長笄已以法不妄言笑二十而歸王氏蚤莫不

懈舅姑亦賢之舅秘書丞兼没於耀州貧不能歸夫人勸其家盡所有以歸葬未幾而姑亡器之亦卽世生事不給人不堪其憂夫人處之哀而不傷被服飲食雖窶必修與親族交雖貧不傲雖富不屈訓導諸子不失家法遇其有過未嘗見聲色曰使爾自悟則善勉強從我無益也春秋祠事必親視滌濯執庖爨夜以達旦以此終其身嘗夢一老人旁有贊拜者既覺猶拜未已且求其家繪像則四代祖母也自是并祭四代肆及元祐九年進士第時轍備位政府以親祀圜丘　恩賜冠帔使肆以歸奉夫人肆迎養銅山夫人常稱內外祖父從政之方以勅之及其疾病肆剔股以具饍

既執喪水漿不入口者累日哀毁殆不能勝鄉人稱之將以崇寧

元年十月六日祔於器之之墓世次爵里既具今不復載夫人三

子長曰聿幼曰畫皆以儒學自力仲子則肄也三女長適朝散郎

劉襄早亡次適進士牟介次適進士楊濤孫五人良弼知武知悌

良驥慶長銘曰

生而知禮傅弗煩老而知義窮益堅天既知之報以年大其後

昆子復賢我欲見之不得還勒銘幽室虞變遷後要當歸窆九

原仰視松栢涕潸然

龍井辯才法師塔碑

浙江之西有大法師號辯才以佛法化人心具定慧學具禪律人無賢不肖見之者知尊其道奉其教居上天竺說法齋衆者二十年退居龍井燕居行道者十年元祐六年歲在辛未九月乙卯無疾而滅吳越之人失其所歸依奔走號慕如佛滅度相與計於淮南請於楊州太守蘇公子瞻以志其塔公曰吾固知師矣予弟子由雖未嘗識師而其知師不在吾後吾爲汝請轍以公命不敢辭師姓徐氏名元淨字無象杭之於潛人家世喜爲善客有過其鄉者指其居以語人曰是有佳氣鬱鬱上騰當生奇男子師生而左肩肉起如袈裟絛八十一日乃滅其伯祖父歎曰是宿世沙門也

愼毋奪其願長使事佛八十一者殆其算也及師之終實八十有
一師生十年而出家口不茹葷血每見講堂坐轍歎曰吾願登此
說法度八年十六落髮受具足戒十八就學於天竺慈雲師雲門
人方盛厭衆欲卻之雲曰疇昔吾夢甚異此子殆法器也勿卻師
日夜勤力學與行進不數年而齒其高第雲沒復事明智韶師韶
嘗講摩訶止觀至方便五緣曰淨名所謂以一食於一切供養諸
佛及衆賢聖然後可食此一方便也師聞之悟曰今乃知色聲香
味皆具第一義諦因淚下如雨由此遇物中無疑矣嘗夢與其同
門友元素入一寺曰妙樂有僧出師問之曰此非荆溪尊者製法

華文句記處耶曰然師訪以尊者遺像相與至東閣見一梵僧趺坐不動容貌甚偉謂師曰我汝過去師也當爲我作禮師拜已而覺忽若有得年二十五　恩賜紫衣及辯才號蓋代詔爲衆講說者凡十五年知杭州呂公溱請師住大悲寶閣院師嚴設紀律犯者秋毫皆斥去其徒畏敬之居十年沈公遘治杭以謂上天竺本觀音大士道場以聲音懺悔爲佛事非禪那居也乃請師以教易禪師至吳越人爭以檀施歸之遂鑿山增室幾至萬礎重樓傑觀冠於浙西學者數倍其故有禱於大士者亦鮮弗答詔名其院曰靈感觀音熙寧初龍圖祖公無擇在杭言者或不悅其政遽起制

獄師以鑄鐘事預逮居其間泰然擬金剛笓撰圓事理說居十七
年有僧文捷者利其富倚權貴人以動轉運使奪而有之遷師於
下天竺師恬不爲忤捷猶不厭使者復爲逐師於潛逾年而捷敗
事聞　朝廷復以上天竺畀師捷之在天竺也吳人不悅施者不
至巖石草木爲之索然及師之復士女不督而集山中百物皆若
有喜色淸獻趙公抃與師爲世外友親見而贊之曰師去天竺山
空鬼哭天竺師歸道塲光輝然師復留三年終欲捨去謂其徒曰
吾祖智者聖人也猶以急於化人害於行已位本五品而證止鐵
輪况吾凡夫也哉固謝去老於南山龍井之上以茅竹自覆吳越

聞之爭爲之築室廬具像設甓瓦金碧咄嗟而就三年復爲太守鄧公溫伯請居南屏一年鄧公去乃歸龍井終焉師於講說不擇晝夜常曰鬼神威德不具多畏人晝說或不得至比夜人靜庶幾能聽嘗焚指以供佛右三左二僅能以執其徒有欲效之者輒禁之曰如我乃可平生修西方淨業未嘗以須臾廢行成力具能以其餘見於外者非一也子兄子瞻中子迨生三年不能行請師爲落髮磨頂祝之不數日能行如他兒布衣李生者習禪觀甚辯而無行欲從師出家子瞻憐之爲請於師未言其名師拒不許若知其爲人者秀州嘉興令陶彖有子得魅疾巫醫莫能治師呪之而

愈越州諸暨陳氏女子心疾漫不知人父母以見師譬以微言醒然而悟嘗與僧熙仲會食仲視師眉間有光如螢遽起攬之得舍利師曰愼毋以告人不知者將以妄疑我自是常有於其臥起得之者及其將化入室燕坐謝賓客止言語飲食召其常與往來僧道潛告之曰吾西方業成如是七日無魔橫右脇吉祥而逝吾願足矣至五月出偈告衆七日奄然而寂皆如其言師度弟子若干人四方學者不可以數計頗能以其道教化吳越至十月庚午塔成頌曰

如來昔在世心禪語爲教譬如四大海惟是一濕性於其濕性

中變化千萬億風來爲濤瀾風去爲湛然魚龍所游戲神鬼所
出沒船筏借其力網罟取其利其上爲洲渚諸國所生育其下
爲淵谷百怪所藏伏東西出日月上下屬河漢觀者不能了睹
胎何暇說如來知迷悶隨變爲解釋因變所說者是則名爲教
彼善聞教人當知是幻爾旣已知是幻則當識眞實我觀世教
師皆謂教是實由謂教實故則爲禪所訶禪雖訶教乎終以教
致禪禪若不取教是杜所入門教而不知禪是不識家也辯才
眞法師於教得禪那口舌如瀾翻而不失道根心湛如止水得
風輒粲然以是於東南晉服禪教師士女常奔走金帛常圍遶

師惟不取故物來不得拒道成數有盡西方一瞬息西方亦非實要有眞實處

逍遙聰禪師塔碑

予元豐中以罪謫高安旣涉世多難知佛法之可以爲歸也是時洞山有文黃蘗有全聖壽有聰是三老人皆具正法眼超然無累於物予稍從之遊旣久而有見也居五年予自高安移宰績溪未幾而全委化文去洞山聰去聖壽凡十年予再謫高安而文住歸宗聰退老黃蘗不復出矣聰聞予來出見曰吾夢與君遊於山中知君復來去來宿緣也無足怪者與予處一年弊衣糲食澹然若

將終焉高安之人曰有如聰禪師而不坐道場者耶師曰吾未始不在道場顧以蘇公一來餘無求也眾曰逍遙唐帝子遺築賓旅不至而貲糧可以老居之無害師不聽予告之曰師豈以我故廢傳法耶師笑而許之紹聖乙亥十有二月始杖策入山山久茀不理十方不至師方治其缺圮以延眾予亦得般若涅槃寶積華嚴四大部舊經於聖壽補其殘破而授之明年夏師得疾山深無醫愈而復劇九月戊申而寂春秋五十有五師本綿州鹽泉王氏幼事劍門慈雲海亮師年二十三誦經得度始遊成都從講師捨之南至吳越見淨慈大本禪師久而不悟本曰吾疇昔夢汝異甚汝

不勉則死師茫然不知所謂常志南嶽思大口吞三世諸佛語一日爲僧伽作禮醒然而喻卽見本具道所以然本曰汝得之矣吾夢汝吞一世界一剃刀知汝自今始眞出家也卽爲擊鼓告衆師遊江西高安人敬愛之延住眞如開善聖壽三道場師性靜默與物無牾所居不問有無安於戒律不知持犯之别平居未嘗談說叩之輒亹亹不竭予見之二十年口不言人過逍遥祖師曰僖唐肅宗少子也出家事忠國師忠記之居逍遥賜田甚廣經五代亂民盜耕之幾盡前長老文因訴於縣十得一二可以居衆矣而衆未集因相山之勝環植松栢將自爲塋堵波既没或言其不利改

葬他所及師之寂卽因之以葬衆皆曰有德之報十月庚午而葬

銘曰

逍遙峻深帝子道場百年無人龍天悲傷師遊吳中得法本毓口吞大千不蔕于胸律精不持道備不言遊戲諸方物知其賢翼然歸之師御避之草菴布衣逝與世辭忽來自山衆迎而喜爲予而出予豈堪此衆曰逍遙法鼓不鳴師雖老矣強爲我行師入居之草木欣然俯仰幾何寂如蛻蟬吁嗟前人度是塔址成而不居若有所竢新塔巋然松栢離離匪人所圖緣則在玆

天竺海月法師塔碑

餘杭天竺有二大士一曰海月一曰辯才皆事明智韶法師以講說作佛事而心悟最上乘不爲講說所縛吳越多禪衆聞其言者皆曰說教如是是亦禪也故吳越之人歸之與佛菩薩無異熙寧中予兄子瞻通守餘杭從二公遊敬之如師友海月之將寂也使人邀子瞻入山以事不時往師遺言須其至乃闔棺既寂四日而子瞻至發棺視之膚理如生心頂溫然驚歎出涕後十有六年子瞻守餘杭復從辯才遊及其滅也子瞻守淮南其徒請爲塔銘子瞻以屬予又十三年予與子瞻皆自嶺外得歸而子瞻終於毘陵餘杭參寥師弔予潁川既而泣曰辯才既以子瞻故得銘於公海

月獨未有銘公以予贍其亦勿辭予亦泣許之公名惠辯字訥翁姓富氏秀之華亭人也幼不好弄其父奇之以施普照寺年十有九受具足戒從韶於天竺受天台教習西方觀復事三衢浮石矩法師皆盡其學韶之將老也命公代之講者八年學者宗之及其老遂領寺事翰林沈文通治杭以威猛御物僧徒嚴憚之見者惶駭失據公獨從容如平日文通異之遂以涖僧職卒至都僧正凡講授二十五年往來千人得法者甚衆西方觀成與同社人造塔及閤公容止端靜不畜長物有盜夜入其室脫衣與之導之出門使從支徑逃去熙寧六年十月有疾十七日旦起盥濯與衆別焚

香跏趺而逝年六十臘四十一公初入天竺及澗有老人冠帶傴僂逾梁迎之入門而失始代師講夢章安尊者以金篦擊其口曰汝勤於誨人當得辯惠嘗苦脾痛久而不愈夢天神以金盤盛水使師瞑目而洗其腸浣已復納覺而痛止公沒之歲吳越大旱禱於天竺觀音像不應公以疾晝寢夢老人白衣烏帽告曰明日日中必雨問其人曰山神也如期而雨公學行高妙報在西方其以感通者不可勝言而聞於人者如此今住天竺德賢師實公之高第以銘授之俾刻之石銘曰

佛本說一乘無二亦無三空洞無一物應物無不在欲以是教

人人或不能信以其不信故故示以方便方便皆是幻惟惠爲
眞實有方便惠解無方便惠縛有惠方便解無惠方便縛惟惠
惟方便更相爲縛解縛脱解亦除然後至佛乘智者古智人具
惠與方便示人西方觀其實則是幻由幻而得佛於以度衆生
會歸於一乘何者非佛法海月辯才師智者之孫曾由教而得
禪皆僧中第一我不識其面知其心中事作銘書塔石二公知
其然

欒城後集卷之二十四終